Business Advertising – Arabic Edition

By Arthur H Tafero

With lesson plans in Arabic

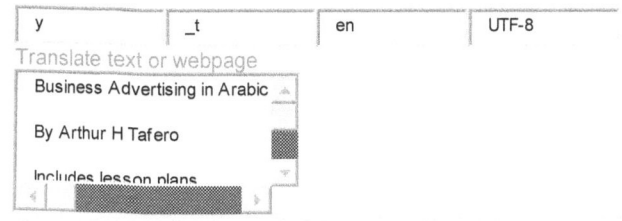

y	_t	en	UTF-8

Translate text or webpage

Business Advertising in Arabic

By Arthur H Tafero

Includes lesson plans

Cancelالإعلانات التجارية باللغة العربية

بواسطة H Arthur تافيرو

تشمل خطط الدروس

إلى الأمام

أنا أستاذ التسويق لأنني يتمتع بها كثيرا. أحب مشاهدة إبداع طلاب جامعتي تطوير من المراقبين إلى إيجابيين مجانين التسويق. بعض الحصول عليها والبعض الآخر لا. تماما كما في الحياة الحقيقية على شارع ماديسون. كان من حسن حظي أن تفشل في الإعلانات في سن مبكرة جدا (18) وتراجع في محاسبة التكاليف في وول ستريت. كنت أكثر راحة مع الأرقام. أنا فقط لم يكن لديهم الإبداع استغرق الأمر للذهاب إلى المستوى التالي من وكالة الإعلان الخاصة بي. افترقنا على علاقة ودية وتعلمت الكثير بينما كنت هناك.

في عام 1965، كان لا يزال الإعلان عمل في مراحله التنموية. لا يزال الاعلانات التلفزيونية لغزا لمعظم وكالات الاعلان في جادة ماديسون في ذلك الوقت. بدا Olgilvy وماثر أن تكون جيدة جدا في ذلك، ولكن تعثرت العديد من الوكالات الأخرى في هذا المكان. لم تكن هناك أجهزة الكمبيوتر لإجراء البحوث السهل بعد ذلك. كان كل شيء ينبغي القيام به مع الكتب والمكتبات والخروج لاتخاذ الدراسات الاستقصائية. كان البحث أكثر قليلا ثم يطالبون جسديا. لم تكن هناك الهواتف المحمولة لتخزين البيانات. فعلت الكثير من الكتابة على منصات مذكرة الصفراء. استخدم الباحثون للحصول تشنجات في أيديهم من أخذ الكثير من الملاحظات.

لم يكن هناك الإنترنت، لا يكيبيديا، أي محركات البحث أو حتى مكان لتخزين البيانات. أبقى معالجة البيانات على بطاقات الخرامة وطباعتها على الورق الضخمة التي ذهبت يوم ويوم مع مملة أسود على أرقام بيضاء والنص. هل يمكن أن تذهب أعمى أو الذهاب للنوم فقط قراءتها لمدة ساعة واحدة. كان كل شركة الملفات؛ وأعني الكثير من الملفات. الملفات الورقية. كان مكان مثل متروبوليتان للتأمين على الحياة طوابق للمكاتب التي لديها سوى الملفات الورقية. كيف يمكن أن يعمل الناس هناك، وكان الحفاظ على سلامة عقولهم خارج عن ارادتي.

نعم، كان الإعلان لا يزال هناك علم دقيق (ولا يزال في هذا الشأن) في 1965. كانت هناك إعلانات التلفزيون الخرقاء الرقص مع صناديق السجائر من تشيسترفيلد، برامج إذاعية رهيبة مع بعض الأكاديمي (مثلي) المقبلة على ليشرح لماذا يجب عليك شراء منتج معين من شأنها أن تزيد قدرة دماغك، وإعلانات الصحف الباهتة التي ليس لديها تعليق تحت صورهم أو عناوين لإعلانهم، وبعض لوحات رهيبة حقا على طول الطريق وصولا الى ولاية فلوريدا التي كان عمليا نصف دستور مكتوب عليها بينما كنت تقود الماضي في ستين ميلا في الساعة، وكان حوالي خمس ثوان لقراءتها.

ويأتي الإعلان شوطا طويلا منذ ذلك الحين، ولكن من المهم ألا ننسى أساسيات الإعلان العظيم، الذي ا عتقد ان ديفيد

أوجيلفي المأسورة في نصه الكلاسيكي، اعترافات رجل الدعاية والإعلان، واحد من الكتب التي يمكنني استخدامها لتدريس جامعتي الطلاب في YUFE (جامعة يوننان المالية والاقتصاد)، واحدة من الجامعات الصينية الرائدة في مجال الأعمال التجارية في البلد بأكمله. وإذا لم تكن قد لاحظت في الآونة الأخيرة، وطمس الصين والدهاء الاقتصادي في جميع البلدان الأخرى في الناتج المحلي الإجمالي في السنوات العشر الماضية. للتأكد، لا تزال هناك نقاط ضعف في الاقتصاد الصيني (كما هو الحال في جميع الاقتصادات)، ولكن يولدون الطلاب الصينيين مع الجين منظم (أكثر حاولت 5٪ من السكان لبدء عمل تجاري جديد). هذا هو أكثر من 65 مليون مؤسسة تجارية.

الجانب السلبي من هذا العدد هو أن 92٪ من هذه الشركات تفشل في غضون ثلاث سنوات وفقا للإدارات القروض التجارية في بنك الصين. مع ذلك، أنه لا يتوقف عن الموجة المقبلة من الجنود من الذهاب أكثر من أعلى مباشرة في النار مدفع رشاش من عالم الأعمال.

كما في الحرب، لا أحد من أي وقت مضى يعتقد أنها سوف تكون واحدة المقبل لتقع في خط النار.

ثلاثة أسباب رئيسية لفشل أكثر من 90٪ من جميع الشركات الصغيرة في الصين ما يلي؛ (1) الإعلان الفقراء، (2) مهارات تكنولوجيا الفقيرة، كما في خلق والحفاظ على موقع على شبكة الإنترنت التي تطور تدفق الإيرادات الاعتماد عليها، و (3) نقص واضح في فهم أهمية وجود محراب، أو نهج فريد جدا. وسوف تناقش هذه والعديد من القضايا والمبادئ الإعلان جيدة أخرى في الدرس التالي وتحدد الخطة. نأمل لكم الاستفادة من المحتوى.

آرثر H تافيرو
الكاتب
Amazon.com
أستاذ التسويق
جامعة يوننان المالية والاقتصاد
مالك
AskMrMovies.com

جدول المحتويات

إلى الأمام .... 1.
جدول المحتويات 3
بطبيعة الحال الخطوط العريضة 4
الدرس الأول - عامة الإعلان عناصر 5
الدرس الثاني - تصميم الإعلان 8
الدرس الثالث - مقاصد الإعلان 13
الدرس الرابع - كيفية إدارة وكالة إعلانات 16
الدرس الخامس - كيف تحصل على العملاء عن طريق البريد المباشر (البريد الإلكتروني) 18
الدرس السادس - طرق تجنيد العملاء .... .21
الدرس السابع - الواقع القاسي للمبتدئ وظائف في الدعاية والإعلان ... 23
الدرس الثامن - الارتقاء في السلم في الإعلان .... .25
الدرس التاسع - الأخلاق في الإعلان .... 27 ...
الدرس عشرة - حساب الأول .... 29 ...
الدرس الحادي عشر - إضافة إلى محفظة حسابك الخاص .... .32
الدرس اثنا عشر - كيفية اختيار حسابات العملاء في الدعاية والإعلان 35
الدرس الثالث عشر - كيفية الحفاظ على حسابات العملاء .... .37
الدرس الرابع عشر -؟ كيف تتصرف حسابات العملاء 39
الدرس خمسة عشر - كيفية بناء الحملة الإعلانية الصلبة 41
الدرس السادس عشر - كيفية كتابة نسخ ممتاز 43
الدرس السابع عشر - كيفية توضيح الإعلانات وصور .... .45
الدرس ثمانية عشر - كيفية جعل التلفزيون جيد الإعلانات 47
الدرس -Nineteen كيفية جعل الإعلانات الجيدة للمنتجات الغذائية 49
الدرس عشرون - كيفية تسلق سلم النجاح في الدعاية والإعلان 51
الدرس العشرون واحدة - كيفية بيع على التلفزيون في الصين 53
الدرس الثانية والعشرون - بيع على الانترنت في الصين 55
الدرس الثالث والعشرون - بيع على شارع في الصين 57
الدرس العشرون أربعة - بيع في متاجر في الصين 59

3

الإعلانات التجارية

بطبيعة الحال الخطوط العريضة

وهذا المخطط بالطبع لالإعلانات التجارية تشمل، ولكنها لا تقتصر على، ما يلي: وضوح الهدف، الأدوار المرجوة من الإعلان، والهدف الإنقسام، وضوح رسالة، أسباب لشراء، والمصداقية من القيمة المقترح، المطلوب العمل المستهلك، النسبية من الهدف عقلية، اختيار المتوسطة، PPC (الدفع لكل نقرة)، كبار المسئولين الاقتصاديين (محرك البحث الأمثل) اختيار كلمة، تصميم الإعلانات، والإعلانات العناصر، ودراسة الاقتراحات الإعلان الكلاسيكية من سيد الفن، ديفيد أوجيلفي.
وشملت مجالات هي: كيفية إدارة وكالة إعلانات، كيفية الحصول على عملاء، كيفية الحفاظ على العملاء، وكيفية بناء الحملات الكبرى، كيفية كتابة النسخ قوة وغيرها. وشملت أيضا في بالطبع سيكون أربعة دروس التركيز على قضايا الإعلان والمبيعات في الصين.

النص الأساسي التدريس:

اعترافات رجل الإعلان - ديفيد أوجيلفي

المدرب: آرثر H تافيرو، MA، جامعة كولومبيا

مقدمة إلى الدرس الأول

لذلك أنت تريد أن تكون في الإعلانات. رأيت كل حلقة من مرض جنون الرجال وجعلك يتوقون للحصول على فرصة ليكون القادم دونالد درابر. ننسى ذلك. انها مجرد برنامج تلفزيوني وخمسين عاما على الأقل وراء مرات. كان عليه من قبل الهواتف المحمولة وأجهزة الكمبيوتر والانترنت وشرائط فيديو، تلفزيون، والأقراص المدمجة، ومجموعة من التطورات التكنولوجية الأخرى التي تجعل كل شيء تقريبا على العرض عفا عليها الزمن. ان الشركات لا يوجد مواقع الإنترنت. كانت الإيرادات تيارات والمشاكل SEO يمكن تصوره.

ومع ذلك، عندما يتعلق الأمر التقاط العنصر البشري من الإعلانات، الرجل المجنون هو الى حد كبير في الدوري من تلقاء نفسها ودقيقة للغاية. إكسكس الإعلان هما لا يرحم، والجشع، طموحا إلى خطأ، هاجس، مدفوعة وأكثر من ذلك. البعض الأخلاق، ولكن معظمها لا. سيكون لديك لتقرر لنفسك كيف الأخلاقية سوف يكون لكم. يمكن أن تكون أخلاقية وجعل لا يزال scads من المال؟ لم ديفيد أوجيلفي وهذا هو السبب أنا أستخدم له باعتبارها نموذجا يحتذى به. ويوضح كتابه بوضوح أن الإعلانات التجارية ليست كل المرح والألعاب. لماذا يفعل الناس ذلك؟ لأنه إذا كنت ناجحا، سوف تجعل عشرة أضعاف الأموال شخص يعمل في مكتب أو مؤسسة تعليمية يجعل.

هنا هو مخطط خطة الدرس الذي يدرس بعض المبادئ الأساسية للإعلان.

الدرس 1 - الإعلان عناصر عامة

1. وضوح الهدف: ما هو السبب لماذا كنت الإعلان، ما الذي كنت خارج لتحقيق - وهذا ينبغي أن يكون واضحا جدا لأن هذا هو الأساس لإنشاء حملة إعلانية. SRS القيمة بازار قد ترغب في وضع نفسها على أنها مكان لأرقى المنتجات والأسعار.

في حين، قد اكسون ترغب في طمأنة الناس على نهج الصديقة للبيئة أعمالهم.

2. دور المتوقع الاعلان: هل تريد تقديم منتج أو خدمة جديدة؟ هل تريد رفع الصور الملتقطة من العلامة التجارية الخاصة بك؟ هل تريد العلامة التجارية للقيام بدور القيادة؟ هل تريد العلامة التجارية الخاصة بك على الانخراط عملائها؟ هل ترغب في رفع المحاكمات؟ هل ترغب في تغيير المفاهيم؟ ضع إصبعك على هذا أولا لكي تتمكن من دفع ذراع اليمنى.

3. الهدف الإنقسام: من هم الناس التي ترغب في التحدث بطريقة مركزة - فإنه يدفع إلى بناء في احتياجاتهم وتطلعاتهم، المحفزات، والموقف، والنظرة إلى الاتصال الخاصة بك. أنا أبحث في الشباب الذين يبحثون عن حانة الورك جديد، أو أتحدث رجل عائلة الشاب الذي هو الهدف الرئيسي لمنتج التأمين الخاص بي؟

ويشمل أيضا هش وضوح الذهن وحيدة من الاقتراح الخاص: 4. وضوح رسالة. تذكر أنه هو الذهني واحدة من الاقتراح، الذي قد يكون أكثر من واحد مكونات المبنى. الصورة الأكبر في الرسائل لا ينبغي أن يكون خمسة أشياء مختلفة، ولكن بدلا عن الشيء قوية وهذا هو نتيجة لهذه الأمور الخمسة مختلفة.

5. السبب لشراء: السبب لماذا تعتقد سوف تجد مجموعة التي تستهدفها العلامة التجارية الخاصة بك تقديم مختلف، ذات الصلة، ومثيرة، حل المشاكل، ودعوة ...

6. المصداقية من قيمة الاقتراح. حاسم، إذا كنت لا تريد الناس لقلب الصفحة أو انطلق القناة.

7. المرغوب العمل المستهلك: ما الذي كنت أتمنى له القيام به نتيجة الاتصال الخاصة بك: الشعور بالثقة بعد استخدام المنتج الخاص بك، أعتقد أفضل منكم، زيارة متجرك، شراء عبر الإنترنت، يطلب التجريبي ...

8. النسبية مع مجموعة الهدف عقلية الحالية. إذا كان في الناس السيناريو اليوم يريدون الحفاظ على رأس المال أولا، ثم وهذا لن يكون الوقت للتجول على مخاطر عالية، ذات العوائد المرتفعة الصغيرة كأب صناديق الاستثمار المشترك.

9. اختيار المتوسطة: التلفزيون، والإنترنت والصحف والمجلات والإذاعة ... صفاتهم وسلوك الاستهلاك من قبل المستهلكين تحدد نوع من الدعاية، وأحيانا يؤثر ذلك في المرحلة المفاهيمية للغاية. عرض النطاق الترددي التي تقدمها مجموعة الصوت والفيديو وشبكة الإنترنت، والرسومات يمكن ان تكون مذهلة.

10. الفضاء وتحتاج للمبالغة حية، والاستعارات، والمعاملة غير متوقعة، .starkness شيء عادي تبرز كثيرا، وتحتاج إلى بناء في بعض .highpoints

11. عروض لPPC (الدفع لكل نقرة) الحملات

12. الميزانيات PPC compaigns
بدون هذه عنصرين مفهوم النجاح وزيادة العائد على الاستثمار لا يمكن أبدا أن يتحقق. كيف يمكنك العثور على أفضل العروض والميزانية للحملة PPC المرور؟
بعض خدمات إدارة PPC التي من شأنها مساعدتك في إدارة حملاتك

- تكاليف الإداري
- التحقيق في قيمة بنقرة و
- معرفة متى لوقف إنفاق أكثر
- ميزانيات تسير على ما يرام
- نظام التشغيل العطاءات استراتيجيا

ومع ذلك، أثناء بدء الحملات يجب أن يكون مطلقا سؤالين بشكل صحيح و
أ. كيف يمكننا توليد يؤدي عالية الجودة؟
ب. كيف يمكننا توليد كميات كبيرة من الخيوط؟

سيتم الحفاظ على التوازن بين هذين السؤالين تصبح مفتاح لمحاولة والميزانية لأي من حملات PPC الخاص بك.

ICA و HW 1

الإجابة على المقالات التالية

1. كيف يمكنك توليد يؤدي عالية الجودة؟
2. كيف نختار المتوسطة للإعلان لدينا؟
3. لماذا هو تجزئة الهدف المهم في الإعلان؟
4. ما هو الدور المطلوب من الإعلان؟

مصادر الإنترنت إضافية لهذا الدرس:

الموارد العامة

http://www.askmrmovies.com

الناس مجنون (1990) العظمى دادلي مور الفيلم حول الإعلان

الإعلان المهنية

يخدم-shinyads.com/solutions/self-orp/

عناصر Adverting و

www.adsavvy.org/5-عناصر من A-عظيم، advertisement/

مقدمة إلى الدرس الثاني

لذلك أردت أن يكون لاحظت الجديد لملصق أو موقع على شبكة الإنترنت الإعلان. تصميم الإعلان والعناصر التي تجعل من التصميم الناجح والمهم بالنسبة لك لاستعراض وفهم حتى قبل أن تبدأ في محاولة لأخذ العالم عن طريق العاصفة مع الحملة الإعلانية الرائعة الخاصة بك. هنا هو مخطط طويل بدلا خطة الدرس (قد يكون من الحكمة أن تقسيمها إلى درسين، في الواقع) الذي يدرس بعض الأساسيات لعمليا كل تفاصيل إعلانك المقترحة. قد تكون القوة معك.

الدرس 2 - التصميم الإعلاني

لاحظ هذا AD!

13. الإعلان تصميم: الاهتمام هو دائما الأولى
هذا هو واحد بسيط. إذا كان الناس لا يلاحظون إعلانك، فرصتك للنجاح هو بالضبط الصفر. تصميم الإعلانية على الاطلاق ويجب الحصول على الانتباه أولا.
وتشير الأبحاث إلى أن 85٪ من الإعلانات لا تحصل نظرت، مهما كانت تكلفة لإنتاج. لديك أن نرى ما إذا كنت تريد العمل. مجرد تصور فقدان 85٪ من الزبائن بسبب لا يقف إعلانك من الحشد. [أو التفكير في زيادة استجابة إلى الإعلانات عن طريق ست مرات قبل أن لا الحصول على لاحظ].

14. الإعلان تصميم: التصوير
الصور القوية هي أفضل جالبة الانتباه. صورة هي حقا بقيمة 1،000 الكلمات عندما يتعلق الأمر بالحصول على الاهتمام. الإعلانات التي تتميز مرئيات كبيرة [60٪ -70٪ من الإعلانات هي الصورة] يسجل أعلى مستوى لوقف السلطة.
ولكن كنت بحاجة للتأكد من أن تحصل على الحق في نوع من الاهتمام. وهناك كبيرة، جميلة، صورة ملونة كاملة لنموذج عارية تحصل على الكثير من الاهتمام، ولكن ليس من النوع الذي تريد. لا تدع صورة كبيرة تملي تصميم الإعلانية. فمن الأهمية بمكان للصور الخاصة بك لتتناسب رسالتك. الصور الخاصة بك يجب أن تطابق النسخة الخاصة بك، ومعا يجب أن ينقل الرسالة المقصودة.
وربما هذا هو الخطأ الأكثر شيوعا في تصميم الإعلانات. الصور لا تملك الكثير لتفعله مع المنتج أو الخدمة، أو أنهم لا ينقل الرسالة الصحيحة. إذا كانت الصورة تبيع شهوة أو الفكاهة، وتقوم ببيعها الأمن، وعلى النقيض العقلي تخلط جميع ولكن

معظم القراء تحديدها. والناس سوف تمر بك لأن سبب كانوا جذب إعلانك [الصورة] لا يتطابق مع ما تقوم ببيعها. لقد جذبت انتباه خاطئ مع تصميم الإعلانية.

15. الإعلان تصميم: التباين
إذا الصور هي الطريقة الأولى للحصول على الاهتمام مع تصميم الإعلانات الخاصة بك، ثم العكس هو بالتأكيد الطريق الثانية. يجب النقيض إعلانك مع الإعلانات الأخرى على الصفحة. هذا هو السبب من المهم جدا للمصممين لرؤية المتوسطة الفعلي الذي سيتم الإعلان فيه. إذا كان إعلانك يمزج فقط في مع كل شيء آخر في الصفحة، كنت إضاعة المال الخاص بك.
إذا لا يهتم مصمم الرسوم البيانية الخاصة بك حيث يظهر إعلانك - اطلاق النار له أو لها.
حتى أسوأ من مزج في، الزبائن قد يخطئون في إعلانك لإعلان منافس الخاص بك. كنت تريد تصميم الإعلان لإعطاء شركتك نظرة فريدة من نوعها أن يتناقض مع الإعلانات الأخرى من حوله.

16. الإعلان تصميم: كن مختلفة
إذا الصور هي أولا، والتباين في المرتبة الثانية، ثم يجري مختلفة هي الطريقة الثالثة للحصول على الاهتمام مع تصميم الإعلانية.
ينجذب الناس إلى مضحكة وأشياء غير عادية جديدة مختلفة. تحتاج إلى دفع التصميم الإعلاني وبعيدا عن الجانب المحافظ الخاص بك وقوة الإرادة الخاصة بك وسوف تسمح لك. قد يكون من الصعب، ولكن لا تستمع لهذا الصوت قليلا في رأسك أقول لك أن تفعل هادئ، هادئ، إعلان المحافظ. هذا هو حول النتائج. الحصول على القليل من الجنون مع تصميم الإعلانية.
إذا كنت تعيش في أمريكا الشمالية، ثم رأيتم أفضل جدا الإعلانات في العالم. الأميركيون تخضع لأعلى جودة الإعلانات التي تم إنشاؤها من أي وقت مضى - كل يوم. الحكم على التصميم الخاص بك الدعاية الخاصة بها المنافسة وحشية على الاطلاق التي تواجهها. يجب أن يأتي إعلاناتك على القمة. الإعلان هو المهنية حول الحصول على النتائج، ويجري مختلفة قليلا هو بالتأكيد جزء من الصيغة.

17. كيف العديد من الزبائن هل تحتاج حقا؟
قد يبدو هذا السؤال غريبا القادمين من الولايات المتحدة، لكننا جادون. هذا هو حول تعظيم الدولار الإعلانية. هل حقا بحاجة للوصول إلى الجميع، أو مجرد عدد كاف من الناس للحفاظ على عملك يزداد قوة كل عام؟
في وكالات تصميم الإعلان، وكثيرا ما يقال أن أفضل عمل ينتهي في الطابق غرفة القطع. الشركات غالبا ما يرغبون إعلاناتهم لتكون على الجانب المحافظ. ليس بصوت عال جدا، وليس مخاطرة كبيرة جدا. يتم قطع، الإعلانات الحصول على الانتباه بصوت عال. ولكن هناك المقايضة المصنوع من هذا القرار.

18. الإعلانات المحافظة لا تحصل على الاهتمام. هم المحافظ. وأنها، في المدى الطويل، وجعل عملك تبدو درجة عالية من الاحتراف والتقليدية. ولكن استراتيجية المحافظين من تصميم الإعلان هو عن طريق أغلى يمكنك الاختيار.
هل حقا تحتاج إلى من حيث الفكر المحافظ؟ حتى IBM لديها الآن الجمعة اللباس أسفل. يستخدم كمبيوتر Dell متحدث باسم سن المراهقة بصوت عال. يستخدم ميريل لينش ثور في متجر للخزف الصيني. ربما، [ربما]، إذا كنت أحد البنوك، والمستشفيات، وغير هادفة للربح، أو منزل الجنازة، تصميم الإعلان المحافظ هو الطريق للذهاب. لكن الإعلانات المحافظة لا تحصل على الاهتمام.

وتحتاج الاهتمام.

نحن لا يؤيد تصميم الإعلان محفوفة بالمخاطر هنا. ولكن اسأل نفسك، كم عدد العملاء الذي أحتاجه؟ لو يحصل لي بصوت عال، سعيدة، مضحك، مثير، غريب، غريب مشرق الإعلان على شكل الأرجواني والوردي انتباه نصف الشعب هناك، وربما هذا كل ما أحتاج. إذا ترك بعض الناس مع المحافظ وراء تصميم الإعلانية، وهذا موافق.
عن طريق الحصول على اهتمام مع تصميم الإعلانات الخاصة بك، سوف تعظيم الدولار الإعلانية. الإعلان المحافظ جدا، ومكلفة جدا. لا تذهب مجنون، ودائما السوق التي تستهدفها في الاعتبار، ولكن تمتد للحصول على الاهتمام مع تصميم الإعلانية. S-T-R-E-T-C-H للحصول على الاهتمام!

19. الإعلان التصميم: عن طريق الصور والرسوم التوضيحية

هذا هو واحد من السهل أيضا. دفع ثمن أفضل، الصورة أو الشكل المتاح أنسب. شرائه، تملك ذلك، والحفاظ عليها، واستخدامها إلى الأبد. ربما يكلف 100 دولار، أو حتى 300 دولار. ومما لا ريب يستحق ذلك.
هناك لا نهاية له العرض من صور رائعة المتاحة لك. هناك صورة مثالية هناك لعملك. قواعد البيانات لديها عشرات الملايين من الصور فائقة الجودة العالية والرسوم التوضيحية. البحث عن الحق واحد أن ينقل الرسالة، وأنت في منتصف الطريق إلى إعلان فعال للغاية.
بدلا من ذلك، إذا كنت تستخدم صورة سيئة، وكنت قد مجرد قطع فعالية تصميم الإعلانات الخاصة بك في نصف. نتذكر، والشركات التي ملتوية على إنتاج تصميم الإعلان يضيعون نسبة كبيرة من ميزانية الدعاية الخاصة بهم. دفع لإنتاج عالية الجودة في خط الهجوم، واستخدامها إلى الأبد. تكلفة الإنتاج هي تافهة بالمقارنة إلى تكلفة وسائل الإعلام. لا تضيعوا والمال عن طريق التقتير على تصميم الدعاية الجيدة.
وبالطبع هناك مسألة الاستنساخ جودة الصور في وسائل الإعلام التي تختارها. تتم طباعة كل صحيفة على نوع مختلف من الصحافة. كل الصحافة هو مختلف، وكل طابعة مختلفة. انها وظيفة مصمم الخاص بك لمعرفة كيفية الحصول على أفضل جودة الصورة الاستنساخ من الصحافة المحدد الذي يتم استخدامه. كنت لا تريد صورك لتبدو وكأنها الطين في الصحيفة.

20. الإعلان تصميم: سيكولوجية اللون في الدعاية والإعلان
يمكن فهم كيف عملائك تفسير اللون في إعلاناتك من المهم جدا. أولا، ثقافات مختلفة الألوان تفسر بطرق مختلفة. الأصفر يمثل الغيرة في فرنسا والحزن في اليونان، والسعادة في الولايات المتحدة، وغير المقدسة في الصين. المعنوية، بالطبع، هو معرفة جمهورك المستهدف.
الأحمر هو عن الإثارة في تصميم الإعلانات. وهي تستخدم عادة لصناعة السيارات والإعلان الغذاء. الأحمر هو العاطفة والجنس، والخطر، والسرعة، والسلطة.
الأصفر هو المختطف اهتماما كبيرا في تصميم الإعلانات. ومن أشعة الشمس والدفء والسعادة. هو أول لون العين العمليات الخاصة بك.
الأزرق يمثل الموثوقية والثقة، والأمن، والتكنولوجيا. هذا هو السبب في الشركات غالبا ما تستخدم الأزرق والأخضر والبط البري، أو رمادي في إعلاناتها. الأزرق هو أيضا بردا والانتماء.
يمثل الأسود التطور والقوة. هو أنيق ومغر. عن المنتج المناسب، والأسود هو لون عظيم.
الأخضر هو بارد، ولون جديد. ومن الطبيعة والربيع.
الأرجواني هو الملوك. فمن كريمة والمكررة.
الوردي لينة والمؤنث. فمن أمن وحلاوة.
أبيض (أبيض) هو للنظافة ونقاء في التصميم الإعلاني. فمن شبابا. ولكن هذا لا يعني أنها للشباب. الشباب [في سن المراهقة وتوين] يفضلون الألوان أكثر العصرية، مثل البنفسجي والبط البري.
هناك أيضا المساحة البيضاء للنظر في تصميم الإعلانات. دون المساحة البيضاء، لا يمكنك قراءة النص. صور تفقد أثرها، وإعلان يفقد التوازن. قد تكون المساحة البيضاء أهم عنصر من تصميم الإعلانية.
الذهب مكلفة والدرجة العالية.
البرتقالي هو لعوب. ومن أوراق الخريف، والدفء والحيوية.
الفضة هو المرموقة. أنها تمثل البارد والعلوم.
لا ننسى أن كل موسم له في 'الألوان الخاصة، والتغيرات الأزياء [كل بضع دقائق]. إذا كنت تحاول أن تكون العصرية مع تصميم الإعلانات الخاصة بك، ثم لديك لمواكبة الاتجاهات.
هل كل هذا مهم؟ كل شيء في تصميم الإعلان هو المهم.
عند استخدام اللون بشكل صحيح، فإنه يضيف تأثير والوضوح في رسالتك. عند استخدام اللون بشكل غير صحيح، يمكن أن تضر رسالتك والخلط بين جمهورك المستهدف.
اللون يمكن لفت الانتباه، يؤدي العين، وإضافة التركيز. أنها يمكن أن تستخدم لإظهار استمرار والقرابة، أو أنها يمكن أن تفرق. لون يولد بالتأكيد العواطف والجمعيات. اللون قد يعني للناس، وكنت بحاجة للتأكد من أن الألوان الخاصة بك تقول الشيء الصحيح لعملائك. لا تدع تصميم الإعلان الفقراء تدمير حملة التسويق الخاصة بك.
وإليك مثال سريع. في مجال التمويل، واللون الأحمر يعني الخسارة. في الهندسة، وهو ما يعني ساخنة أو خطر. في المجال الطبي، فهذا يعني الخطر أو الطوارئ أو الصحة. أردت التأكد من أنك لا ترسل رسالة خاطئة باستخدام اللون الخطأ. وهناك مصمم جرافيك عالية الجودة يعرفون الفرق.

الإعلان تصميم: عناصر التصميم

عناصر تصميم الإعلان هي مكونات إعلان أن خطط مصمم جرافيك. القائمة التالية سوف تساعدك على فهم أفضل ما رسم الفنان يتحدث عن.

تعتبر الألوان من حيث شدة السطوع و- اللون. كما رأينا أعلاه، كيفية استخدام اللون في التصميم الإعلاني يمكن أن يكون لها تأثير كبير على كيفية تفسير ذلك من قبل العملاء الخاص بك.

يصف القيمة خفة الظلام أو من لون - القيمة.

خط - خط هو بالضبط ما كنت أعتقد أنه هو - علامة المستمرة التي تربط نقطتين.

شكل - الأشكال هما الأبعاد أو مسطح. والشكل هو الطول والعرض فقط في تصميم الإعلانات.

شكل - هي أشكال ثلاثية الأبعاد - الطول، والعرض، والعمق. يمكنك الحصول على حجم وكتلة مع النموذج.

نسيج - نسيج يصف سطح الجسم. الفنان يجعل الكائن إلى إعطاء فكرة عن كيف يمكن ان يشعر لمسة.

الفضاء - في تصميم الإعلانات، ويصف الفضاء المسافة بين وحول الكائنات.

يصف الرصيد المساواة بين الكائنات في إعلانك - التوازن. مع التوازن متناظرة، كلا الجانبين من إعلانك هي نفسها. مع التوازن غير متناظرة، كل جانب مختلف ولكن على قدم المساواة. التوازن يعني شعاعي ومتوازنة الإعلان حول نقطة محورية.

يصف التباين درجة الاختلاف بين الأشياء - التباين. فإنه يحصل على الاهتمام ويضيف الإثارة.

التركيز - التركيز والتباين هي في الواقع نفس الشيء في تصميم الإعلانات. الفنان يخلق الوصل أو نقطة التركيز في إعلانك بجعله التباين مع الأجزاء الأخرى من الإعلان.

نسبة - نسبة تصف الكيفية التي ترتبط بها العناصر الفردية إعلانك لبعضها البعض وإلى قطعة بأكمله.

نمط - نمط هو بالضبط ما كنت أعتقد أنه هو - وهذا أمر يتكرر مرارا وتكرارا.

إيقاع - إيقاع يعطي الإعلانية تصميم شعور الحركة أو العمل. الفنان يضع الأشياء أو يخلق أنماط بحيث تتبع مسار العين.

طريق تتبع العين في الإعلان مهم جدا، لأنك تريد للقارئ أن ينتهي في دعوتكم للعمل [في مثل رقم هاتفك]. إذا توقف عين القارئ في المكان الخطأ في الإعلان، دعوتكم لاتخاذ إجراءات فورية يمكن أن ينظر إليها في وقت قريب جدا، أو لا على الاطلاق.

يصف الوحدة كيفية عمل إعلان كله معا كوحدة كاملة - الوحدة.

يصف متنوعة تعقيد عمل - متنوعة. في الإعلان، البريد المباشر خصوصا، وكمية كبيرة من التنوع وتبقي القارئ تعمل وتشارك مع قطعة. ويعد تشارك القارئ، وأفضل احتمالات تقديم الرسالة الخاصة بك. هذا هو السبب في بعض الإعلانات مشغولون إلى حد ما - أنها تبقي القارئ المعنية.

ICA والأب 2

الإجابة على الأسئلة المقالية التالية

1. لماذا هو الحصول على إعلانك لاحظت هاما في الإعلان؟
2. لماذا ألوان أهمية في الإعلان؟
3. لماذا يتم الإعلان عن تصميم مهم في الإعلان؟
4. لماذا تباعد هاما في الإعلان؟

مصادر الإنترنت إضافية لهذا الدرس:

الموارد العامة

http://www.askmrmovies.com
وولد نجم (1954) هذا الفيلم جانيت جاينور هو كلاسيكي حول كيفية الحصول على "اكتشف"

تصميم الإعلان
www.wisegeek.com/what هو بين الإعلانات design.htm

اللون في الدعاية والإعلان

library.thinkquest.org
مقدمة إلى الدرس الثالث

الآن نحن ندخل عالم غريب الاطوار من ديفيد أوجيلفي وله اتخاذ شخصي للغاية على الإعلان الكلاسيكي. السيد أوجيلفي يدرس الغرض من الإعلان، وعناصر الإعلان، والغرض من هذه العناصر. طالما كان الدرس 2، هذا الدرس قصير للغاية ويمكن علق على الجزء الثاني من الدرس 2. ومع ذلك، لمجرد أوجيلفي غير وجيزة لا يعني أنه ليس عميق في الحسم له. في محاولة لإعطاء كل من له اهتمام تعليمات قصيرة أقصى الخاص بك؛ سوف يكافأ إذا قمت بذلك.

الدرس 3 - الغرض من الإعلان

الإعلان عناصر عنصر الغرض
1. عنوان يحصل الاهتمام
2. عود فوائد يبني الفائدة
3. صور نتائج فوائد يبني الفائدة
4. يظهر دليل يبني الرغبة
5. يفرق يبني الرغبة
6. يجعل عرضا يبني الرغبة
7. يدعو إلى العمل يؤدي العمل

مثال على الإعلان على شبكة الإنترنت صفحة واحدة مع كل من هذه العناصر أحسنت:

http://bellagenix.com

1. عنوان رئيسي - انظروا 10 سنة أصغر! - يحصل على الاهتمام من كل امرأة تقريبا على مدى 30
2. عود الفوائد - يشد والشركات الجلد، ويقلل التجاعيد، ويحسن الجلد وضوح! - يبني الفائدة في كل امرأة تقريبا على مدى 30
3. صور نتائج للمنافع - قبل وبعد صور مع نتائج المسرحية - يبني الفائدة في كل امرأة تقريبا على مدى 30
4. عروض برهان - توصية طبيب، شهادات - يخلق الرغبة في كل امرأة تقريبا على مدى 30
5. يفرق - يناقش علاجات البوتوكس باهظة الثمن ومكلفة البديل - يخلق المزيد من الرغبة في كل امرأة تقريبا على مدى 30
6. يجعل عرض - نعم! إرسال بلدي زجاجة اليوم! انقر على زر! - وبحلول ذلك الوقت هو الرغبة في الملعب الحمى وتقريبا كل امرأة على مدى 30 لا يمكن أن تنتظر للضغط على زر.
7. نداء للعمل -gnilliF خارج النظام القسيمة - اللقاء الأول مع ثمن باهظ لمدة 30 يوم العرض (قليلا على دولار واحد يوميا). بعض فقدت الرغبة هنا بسبب ثمنا باهظا، ولكن عددا كبيرا من النساء فوق 30 تأمر هذا المنتج بغض النظر عن السعر. - يسبب أجل المضي قدما وبطاقة الائتمان لأن توصف.

آخر 35 دولارا ل.bellagenix فعلوا ذلك الحق. أنها سوف تجعل الكثير من المال. سيكون إعلانك جيدة مثل هذا؟ هذا الإعلان هو نموذج جيد لنسخ للعديد من المنتجات. ولكن لا نسخ الصور الفعلية أو النص؛ مجرد نسخ عناصر الإعلان في الإعلان!

المهدئ شعبية من أوجيلفي:

1. عند الناس لا يلهون، فإنها عادة لا تنتج العمل الجيد
2. الناس أكثر إنتاجية عندما تشرب القليل من الكحول
3. دفع الناس الفول السوداني وستحصل على القرود
4. 99٪ على جميع أشكال الإعلان لا يبيع شيئا لأحد
5. لا اقتناء الكلب والنباح نفسك
6. الناس تأجير الذين هم أفضل منك
7. لا يمكنك حفظ النفوس في كنيسة فارغة
8. لا بنة. محاولة لضرب واحد من الحديقة

يجب أن تكون 9. كوبونات على اليمين السفلي من صفحة (وقد أثبت هذا أن تكون صحيحة) - مدرسة هارفارد للأعمال وكلية وارتون للأعمال في جامعة بنسلفانيا توحي مركز العلوي) المثال الإعلانية فوق ديه أعلى يمين الإعلانية، حتى نتمكن من رؤية صورة كاملة لامرأة مع بشرة جميلة. لديك القسيمة في مركز أعلى من شأنها أن تتداخل مع تلك الصورة المعلقة. بذلك، استخدم أعلى يمين أو مركز أعلى وفقا لحجم الصور الخاصة بك.
10. عن طريق الفم، وحققت أفضل النتائج في حوالي 200 كلمة في الدقيقة. (كما تم دحض هذا من قبل نفس برنامجين MBA أعلاه. 100 كلمة يبدو دقيقة ليكون الأمثل وفقا لأبحاثهم.)

ICA والأب 3

الإجابة على المقالات التالية

1. مناقشة مختلف عناصر الدعاية وأغراض تلك العناصر
2. ماذا يعني أوجيلفي بالقول لا يمكنك حفظ النفوس في كنيسة فارغة؟
3. ماذا يعني بقوله أوجيلفي لا تبقي كلب والنباح نفسك؟
4. ماذا يعني بقوله أوجيلفي الناس يدفعون الفول السوداني وستحصل على القرود؟
5. ماذا يعني بقوله أوجيلفي عند الناس لا يلهون، فإنها عادة لا تنتج العمل الجيد؟

مصادر الإنترنت إضافية لهذا الدرس:

الموارد العامة

http://www.askmrmovies.com

السيانتولوجيا (2012) - وهذا مخيف جون فيليب سيمور أداء جولة دي القوة تستحق يراقب لنرى كيف يمكن التلاعب بها وسائل الإعلام.

هز الكلب (1997) - آخر فيلم جيد على التلاعب الإعلامي مع دي نيرو وهوفمان.

أغراض الإعلان

lmth.863338advertising.blurtit.com/q

سادة الإعلان

/www.mastersinadvertising.org-7الأساطير، والحقائق، حوالي سيارة

مقدمة إلى الدرس الرابع

كمدير لإحدى الوكالات الإعلانية الأكثر نجاحا في تاريخ شارع ماديسون، أوجيلفي هو أكثر من مؤهل لإعطاء اقتراحات حول الخطوط العريضة لخطة الدرس التالية على كيفية إدارة وكالة الخاص بك. لا تحتاج إلى متابعة كل اقتراح،

ولكن سوف تستفيد بالتأكيد من خلال اتباع غالبية هذه المبادئ اجتازت اختبار الزمن.

الدرس 4 - كيفية إدارة وكالة الاعلانية

البروم بواسطة أوجيلفي:

1. إنشاء الجو لطيفا للناس للعمل في. القضاء على البيروقراطية قدر ممكن، ومحاولة للحفاظ على ضيق الشبكة.
2. علاج المرؤوسين كبشر. مساعدتهم عندما كانت تواجه أي نوع من الصعوبة أو إيقاف العمل.
3. تطوير مواهب كل عامل في المؤسسة الخاصة بك إلى أقصى حد. السماح لعدم والنمو.
4. في محاولة لتجنب إدارة من أعلى إلى أسفل. قرارات المجموعة هي دائما تقريبا منظور الشخص أفضل من واحد وحيد.
5. ديك الخلق لطيف ودرجة من الكياسة. حاول أن لا يكون بصوت عال، متبجح أو البغيض.
6. كن صادقا قدر الإمكان مع العملاء ومع زملاء العمل.

7. العمل بجد، ويكون موضوعيا وشاملا.
8. المكتب السياسي تجنب، toadism، البلطجة، والسلوك أبهى والقسوة
مسائل 9. شخصية للترقية.
10. عند التوصية حملة مبيعات لعميل، والتصرف كما لو كانت الأعمال التجارية الخاصة بك
11. أن تكون خلاقة. ليس محاولة لنسخ أخرى حملات إعلانية ناجحة. أصبحت تلك الحملات ناجحة لأنها لم نسخ حملات إعلانية أخرى.
12. السماح العميل الخاص بك الحق في أختلف معك بشأن الكيفية التي ينبغي أن تنفق المال
يجب أن الشركة 13. أو السلوك ثقافة الشركات تكون هي نفسها في كل بلد
14. يكون على بينة من أعراف البلد الذي كنت تبيع
15. كن حذرا مع الحملات الإعلانية ومنح الثقة الكاملة للشركة. لا الحملة الإعلانية
16. تجنب المصطلحات العلمية بقدر الإمكان؛ إبقاء الأمور بلغة بسيطة
17. لا إهانة ذكاء المستهلك
18. تعلم استجابة مباشرة الإعلان قبل الخوض في مناطق أخرى من الإعلانات
19. أسعار قطع كحافز إعلان ينبغي أن يكون دائما الملاذ الأخير
20. نعتز العلامة التجارية وننسى حلول سريعة

ICA والأب 4

الإجابة على المقالات التالية:

1. ماذا يعني Olgivy ديك لتقوله عن الماركات؟
2. ما مدى أهمية فن التعلم المباشر الاستجابة الإعلان
3. لماذا هو مهم جدا الإبداع في الإعلان؟
4. لماذا يجب أن تعامل العميل الخاص بك كما لو كان كنت تملك الشركة؟
5. لماذا هو الصدق افضل سياسة سواء في المكتب ومع العملاء؟

مصادر الإنترنت إضافية لهذا الدرس:

الموارد العامة

http://www.askmrmovies.com

والباعة المتجولون (1947) غيبل فيلم يضرب بقعة عن الصدق في الإعلانات

العلامات التجارية
marketing.about.com

الإبداع في الدعاية والإعلان
lmth.15unit8.4/008muse.jhu.edu/journals/asr/v

مقدمة إلى الدرس الخامس

كان أوجيلفي تقدير خاص من فن البريد المباشر. انه يعتقد اعتقادا راسخا بأن الشعب الإعلانية في البريد المباشر كان أفضل الكتاب في مجال الدعاية والعديد من حملاته الناجحة استخدام المبادئ الأساسية لكتابة الاعلانات الجيدة البريد المباشر أثبت وجهة نظره مرارا وتكرارا. تجاهل هذه شذرات من الحكمة التي اقترحها بلير Entenmann على مسؤوليتك الخاصة. يمكنك بسهولة تحويل هذه المبادئ من البريد المباشر على البريد الالكتروني أيضا.

الدرس 5 - كيف تحصل على العملاء - البريد المباشر

مبادئ المستهدفة البريد المباشر الإعلان
بلير Entenmann، رئيس التسويق مساعدة!

الإعلان يفعل العمل. أنه يخلق ليس فقط أفضل وبيئة أكثر مبيعا الإنتاجية، ولكن فعلت بشكل صحيح، يمكن أن تولد الاستفسارات والمبيعات! إذا كان يمكنك تحديد العميل المثالي، يجب عليك استخدام البريد المباشر المستهدفة. عندما كنت تنفق دولار بشق الانفس على البريد المباشر، لأنها تريد أن يكون لاحظت، لم ينس. الهدف للبريد المباشر هو فتح لي، اقرأ لي، اتصل بي اليوم! يمكن المبادئ التالية جعل البريد المباشر أكثر إنتاجية وتحقيق نتائج استثنائية!

1. البريد إلى آفاق الحق مع التردد. ثلثي نجاح البريد المباشر هو في القائمة البريدية - أفضل القائمة، كلما كان ذلك أفضل النتائج. استثمار الوقت والمال في إيجاد أو بناء قائمة بريدية من احتمالات الذين سوف تكون مهتمة في منتجك أو خدمتك. النظر في سنتين أو ثلاث سنوات جزءا حملة البريد المباشر. توقيت قد يكون عامل النجاح الحاسم - اليوم أنها ليست مهتمة، ولكن في الشهر المقبل لأنها قد تكون. سوف التكرار يولد استجابة أفضل. والقاعدة العامة هي أنه يأخذ 6-9 الدعاية أو المبيعات الاتصالات قبل يشتري المشتبه به.
2. جعلها تبرز. ما-الحصول على اهتمام وممتعة وخلاقة جهاز يمكنك استخدام هذا لديه بعض الروابط لمنتجك أو الخدمة؟ تكون مختلفة في الحجم والشكل واللون من الرسائل منافس، مثل مظروف كبير مربع، مظروف أصفر مشرق، أو الثلاثي أنبوب البريدية. استخدام البطاقات البريدية وبطاقات المعايدة، أو حتى frisbees لتسليم رسالتك. ما هي الكلمات الحصول على الانتباه تعمل على أفضل وجه عن التوقعات الخاصة بك؟ كلمات مثل الحرة، جديد، الآن، الاختراق، وأخيرا، وضيق الوقت هي قوية، والكلمات السحرية التي يمكن أن تثير رد فعل إيجابي. مفهوم الإبداعية جيدة، وسوف يضم الرسومات الحصول على نسخة من الاهتمام وجعل البريد المباشر ملحوظ.
3. جعلها مثيرة للاهتمام. تقديم عرض جيد جدا أن الزبائن ببساطة لا يمكن أن يرفض. معرفة ما يريدون وتقديم لهم. استخدام المنحى المنافع الوعود العملاء لعناوين مثل "منع سرقة الأشياء الثمينة الخاصة بك" أو "تقلل من تكاليف الضمان مع المكونات الجيدة!" إرسال نسخة مبيعا حول ما theprospect يريد أن يعرف في واضحة، جمل موجزة. يمكن إضافة رسالة تغطية قوية لكتيب كبير زيادة ردكم. رسالة يسمح لك لكشف وتخصيص عرض ترويجي كبير أو الحصول على فرصة المشاركة في منتجك أو خدمتك. خطابات ليزر شخصية (عزيزي بلير) هي أكثر فعالية من نموذجية (عزيزي رياضي). استخدام العناوين داخل الرسالة لتلخيص صالح الفقرة التالية. يمكنك تضمين تخصص الدعاية التي يمكن أن تعزز الفضول احتمال ل؟
4. الاختبار، اختبار، اختبار. تشغيل اثنين أو حملات مختلفة الترقيات في نفس الوقت (أي A / B اختبار) لمعرفة أداء أفضل. قم بتشغيل الفائز مع النصف الآخر من قائمة احتمال الخاص بك ضد الفكرة الكبيرة المقبلة. العمل الإضافي سوف تحسين نتائجك بناء على ما توقعاتك / عملاء جدد يريدون.
5. تجعل من السهل على الرد الآن. طلب الرد كنت ترغب ومساعدتهم على القيام بذلك. قطعة البريد المباشر الخاص بك هو مندوب المبيعات الخاص بك، ويجب أن تسأل عن النظام! في رسائل المبيعات، استخدم .P.S لإجراء مكالمة قوية للعمل. استخدام بطاقة الرد التجارية، 800- العدد، رقم الفاكس، أو موقع على شبكة الإنترنت التي توفر عملية خطوة واحدة. إعطاء حافز للاستجابة المطلوبة (أي هدية مجانية أو عناية خاصة إذا كنت تعمل حاليا). ومعدل ردكم تكون أعلى إذا أعطيت عملاء عدة طرق للرد.
6. تتبع نتائجك. إنشاء نظام تتبع حتى تتمكن من تحديد ما يصلح وما لا يصلح. تحليل النتائج الخاصة بك على التكلفة لكل رسالتك، التكلفة لكل اقتراح / تقدير / موعد والتكلفة لكل أساس بيع. أحيانا استجابة منخفضة الترويج نقدم له السماء تحويل مبيعات عالية، مما يجعلها أكثر ربحية من بيع استجابة عالية، انخفاض المبيعات تحويل تعزيز العرض.

ICA والأب 5

الإجابة على المقالات التالية

1. لماذا يجب إنشاء قائمة بريدية؟
2. لماذا يجب عليك أن تتبع بعناية نتائج المبيعات الخاصة بك في كل مرة تقوم بتشغيل الإعلان الجديد؟
3. لماذا يجب اختبار باستمرار حملتك الإعلانية؟
4. ما هي مزايا وعيوب البريد المباشر؟

مصادر الإنترنت إضافية لهذا الدرس:

الموارد العامة

http://www.askmrmovies.com

استخدام الرابط أدناه على كيفية إعطاء حملات البريد الالكتروني فعالة

6http://unbounce.com/email-marketing/the--نقطة دليل إلى -ANلا يقاوم البريد الإلكتروني دعابه حول هذه الحملة

البريد المباشر الإعلان

www.alladvertisingagencies.com

استجابة البريد المباشر

www.dmnews.com

مقدمة إلى الدرس السابع

عرف أوجيلفي كان هناك أكثر من طريقة لطهي البيض ويكون الناس يتمتعون كل طبق. بغض النظر عن كيفية طهي لهم. كانت نقطة لإعدادهم جيدا. أوجيلفي، بطبيعة الحال، كان طاه عالمي قبل أن يصبح رجل الإعلانية في جادة ماديسون، حتى انه يعرف قليلا عن إعداد أطباق أو الحملات الإعلانية بطرق مختلفة. هذا المخطط خطة الدرس تبدو في بعض صفاته للنجاح.

الدرس 6 - طرق تجنيد العملاء

A. البريد المباشر كما هو موضح في الدرس السابق

B. عند التفاوض مع العملاء مباشرة، والتأكيد على النوعية على الكمية. الأفضل أن يكون مؤلف واحد جيد على حساب من ستة منها دون المتوسط.

C. لا نقلل من قوة الإبداع سواء من وجهة نظر العميل أو من وجهة نظر وكالة.

D. الطاقة الإبداعية هو متغير مهم آخر في عملية الإعلان. بمجرد وجود فكرة جيدة لا يحصل على هذه المهمة إلا إذا كان لديك طاقة خلاقة لرؤية الفكرة الى حيز الواقع.

E. اقتراح بسيط مثل "إذا حملتنا لا زيادة المبيعات الخاص بك، ثم لن يتم محاسبتك" يقطع شوطا طويلا لتجنيد عملاء جدد لقاعدة الخاص بك.

F. مشاهدة العملاء المحتملين التي يمكنك القيام به ما يلي دون صعوبة: تحديد المشاكل والفرص للعميل، وإنشاء أهداف قصيرة وطويلة المدى للعميل مع نتائج قابلة للقياس (عادة مبيعات)، وتكون قادرة على قيادة مجموعات كبيرة من المديرين التنفيذيين، تقديم عروض واضحة في اللجان، وتكون قادرة على العمل ضمن حدود ميزانية العميل.

G. يوجد حاليا أكثر من 10،000 وكالات الدعاية؛ كيف يمكنك تميز نفسك عن الآخرين؟

H. إجراء اتصالات مع أصدقاء ووكالات الأنباء ومحطات التلفزيون ومحطات الإذاعة وكل وسائل الاعلام يمكن ان يخطر لك. تأخذ بها

لتناول الغداء، والسماح لهم معرفة وكالتك والخدمات التي يوفرها.

I. كما يمكنك كسب المزيد من المال، ويقترح أن تبدأ في ترقية العملاء. زبائنك سوف تكون على علم بشكل صارخ لحالة عملاء آخرين الخاصة بك. و3000 كالات أسفل تأخذ أي شخص كعميل، فإن المستوى التالي من وكالات ديها الحد الأدنى من المعايير للعملاء، فإن وكالات النهائية 3000 فقط معالجة نهاية العلوي من العملاء، و1000 أعلى كالات (ونأمل، وكالة الخاصة بك) في التعامل مع فقط الشركات التي تجعل أكبر قدر من المال.

ومن المعروف .J العروض مجانية وعروض المضاربة في الإعلانات التجارية. ولكن بالإضافة إلى عرض تقديمي المضاربة، لا بد من تقديم "سوف تزيد من المبيعات أو لن يكون هناك أي رسوم للحملة الإعلانية". احتمالات مبيعات العميل لتصل تحت أي حملة لمدة ثلاثة أشهر تقريبا 81٪، حتى أن أي شيء تقريبا تفعله سينتج عنه ربح للعميل. ومع ذلك، إذا كان هناك زيادات كبيرة في المبيعات، قد يكون نتيجة لحملتك الإعلانية الإبداعية.

K. يجب أن يكون هناك كيمياء حقيقي بين العميل والوكالة أو الحملة سيكون هناك المزيد من الصعوبة من معظم حملات أخرى.

L. بحث مستفيض إلزامي للغاية لنجاح أي حملة إعلانية. كل وكيل أن تكون قادرة على الاستشهاد أبحاث حررت قبل الاجتماع مع العملاء المحتملين.

ICA والأب 6

الإجابة على المقالات التالية:

1. لماذا هو نوعية أكثر أهمية من الكمية في الإعلان؟
2. لماذا هو الإبداع عاملا مهما في الدعاية؟
3. لماذا يجب أن تحاول خلق مكانة لكالتك؟
4. لماذا يجب أن تعطي في بعض الأحيان عروض مجانية أو المضاربة للعملاء المحتملين؟
5. لماذا هو البحث واحدة من أهم أجزاء من العرض التقديمي؟

مصادر الإنترنت إضافية لهذا الدرس:

الموارد العامة

http://www.askmrmovies.com

تحقق من هذه الموارد لتقديم العروض
http://www.cinemacon.com/

أهمية البحث في الدعاية والإعلان

http://en.wikipedia.org/wiki/Advertising_research

كيفية تقديم عروض ممتازة

http://www.forbes.com/fdc/welcome_mjx.shtml

مقدمة إلى الدرس السابع

نترك العالم تفاؤلا من أوجيلفي للدرس واحد لزرع أقدامنا في واقع ظائف مستوى الدخول في الإعلانات التجارية. أن تكون ناجحة في وظيفة مستوى الدخول في وكالة إعلانات جيدة هو أقرب إلى عبور الجادة الخامسة خمسين مرة خلال ساعة الذروة دون الحاجة مكالمة وثيقة مع السيارة. بالطبع، إذا كنت خارج نيويورك، الأمور أسهل قليلا. وإذا كنت في الصين، وهناك احتمالات كنت على وشك الوحيد في مكتبك، أو حتى في الشركة بأكملها من يعرف أي شيء حول الإعلان المهنية.

الدرس 7 - الحقائق القاسية الدخول على مستوى وظائف في الدعاية والإعلان

A. وهناك سبب واحد فقط لأية شركة في العالم لاستئجار لكم عن أي شيء. من شأنه أن يكون لكسب المزيد من المال للشركة.

B. وبصفة عامة، فإن معظم الشركات عرض مبيعات مقياسا للنجاح الخاص بك؛ والمزيد من المبيعات فأنت مسؤول عن، والمزيد من المال سوف تجعل على أي مستوى في سوق العمل.

C. تماما مثل 90٪ من جميع الشركات تفشل في غضون ثلاث سنوات، و 90٪ + جميع العمال على مستوى دخول تفشل في وظائفهم في غضون ثلاث سنوات. فقط تفعل الرياضيات. إذا فشلت 90٪ من جميع الشركات، ثم 90٪ من جميع مبيعات "المهنيين" يجب أن تفشل أيضا.

يمكن .D أحد عمال المبتدئين في المبيعات، في بعض الأحيان، يكون نجاحا فوريا. لا يوجد جدول زمني للنجاح في المبيعات. فقط زيادة المبيعات.

E. يمكنك أن تكون أصعب عامل في المكتب الذي يضع في 100 ساعة في الأسبوع، هو غرامة، منتصب رجل العائلة، صادقة، مخلصة ومخلصة وإذا أرقام المبيعات الخاص بك لا ترقى في وقت قصير جدا (عادة ثلاثة أشهر) سيتم المعلبة لك.

F. يمكنك أن تكون أشد كسلا عامل في المكتب الذي هو دائما في وقت متأخر، تقلع الكثير من أيام المرض، والسذج حولها مع كل امرأة في المكتب، وتكون غير شريفة، غير مخلص، خائن، كاذب، لص والمنحرف، والألعاب على جهازك الكمبيوتر طوال اليوم، وترك العمل مبكرا ومازال الحصول على زيادة كبيرة وتعزيز أرقام المبيعات الخاص بك إذا ارتفعت. تأكد من مقارنة E و F لشخص ما في المرة القادمة ينطق العبارة سخيفة "ولكن هذا ليس عدلا!"

لا يضمن .G جيدة الإعلانية زيادة المبيعات، ولكنها لا تعطيك فرصة أفضل للنجاح في الحصول على المزيد من المبيعات. مثل معظم الأشياء الأخرى في الحياة، لا توجد ضمانات في مهنة الأعمال. بعبارات عامة، إعلان أو الترويج جيدة إلا إذا كان يزيد من المبيعات.

H. الحصول على الوظيفة تعتمد في المقام الأول على إقناع موظف الموارد البشرية أن كنت لاعبا الفريق وترغب في إثبات نفسك لتكون ذخرا للفريق لزيادة المبيعات للشركة. مشددا على استقلالكم، وطرق جديدة للتفكير، والإنجازات الفردية والصفات، والرغبة في الحصول على الخاص بك اليوم شركة واحدة، سوف تؤمن فقط أنك لن تحصل على وظيفة. يختبئ كل هذه الرغبات والتبخير لهم احتياجات لاعب فريق للشركة سوف تذهب أبعد كثيرا عن فرصك في التوظيف.

الإجابة على المقالات التالية

1. كيف هي البشر مماثلة لمعظم الشركات؟
2. كيف يتم الدخول على مستوى المبيعات الناس يحكم من قبل صاحب العمل؟
3. كم من الوقت يستغرق عادة لمندوب مبيعات جديد لتكون ناجحة في عمل جديدة لهم؟
4. كيف المهم هو إعلان جيد لحملة المبيعات الخاص بك؟ وكيف يقاس إعلان جيد؟
5. لماذا هو أكثر أهمية لاظهار كم من لاعب فريق كنت في المقابلة الأولية الخاصة بك من كونه مفكرا مستقلا أو مع شخص الإنجازات الفردية العظيمة؟

مصادر الإنترنت إضافية لهذا الدرس:

الموارد العامة

http://www.askmrmovies.com

رجل التجاري (2001)

دخول على مستوى الإعلان وظائف

http://advertising.about.com/od/careersource/a/adagencyjob.htm

نظم مكافأة للدعاية والاعلان التنفيذيين

20100161398http://www.google.com/patents/US

مقدمة إلى الدرس الثامن

هنا هو الدرس العملي خطة مخطط آخر أن يصف بعض دوس وما يترك من الارتقاء في السلم في الإعلانات. قد يكون من المفيد في حين الخاص بك إلى إيلاء اهتمام وثيق للغاية على كل جزء من هذا القسم. الناس الذين يعملون بجد في الإعلان لا تساوي قدر للشركة

من الناس الذين خلق المزيد من العائدات. انها بسيطة على هذا النحو.

الدرس 8 - الارتقاء في السلم إلى المستوى التالي في الدعاية والإعلان

.A حسنا، دعونا نقول لكم حصلت على الحظ في حياتك أول ثلاثة إلى ستة أشهر وطرح أعداد متزايدة في المبيعات لفريقك. ثق بي عندما أقول لكم أن كنت قد لاحظت بالفعل. إذا كنت حقا قوة لا يستهان بها، ومدير المبيعات الخاص بك تعتقد أنك يمكن التعامل مع هذه المهمة، قد عرض عليك منصب مدير مبيعات مساعد في اقل من ستة اشهر على وظيفة. هذه هي الأخبار الجيدة والأخبار السيئة.
.B والخبر السار هو أنه سيكون لديك عنوان، ربما المساحات المكتبية الخاصة بك، وأكثر قليلا من المال والسلطة.
.C أما النبأ السيئ هو أن مدير المبيعات الخاص بك من المرجح أن يأخذ الفضل في معظم أفكارك والحملات وزيادة المبيعات. انه أو انها سوف تكون العدة للالدرجة المقبلة على سلم، وهو مدير المبيعات الإقليمي أو مدير إقليم أكبر. فلن يكون الحصول عرضا للموقف الإقليمي، حتى لو كنت هي السبب الرئيسي أن المبيعات قد زادت.
سوف .D هل من المرجح أن يتم القيام بجميع أعمال مدير المبيعات في حين كان هو أو هي استنشاق حول حصول على وظيفة أفضل. في الواقع، سوف تكون في الواقع مدير المبيعات الجديد. الآن سوف تكون مسؤولة عن القيام بجميع واجبات مدير المبيعات، والتي تشمل، ولكنها لا تقتصر، على ما يلي: 1. توظيف الناس المبيعات الجديد، 2. إطلاق مبيعات الناس غير فعالة الحالي، 3. تراقب عن كثب أرقام المبيعات فريق الحالي، 4. إنشاء حملات مبيعات جديدة، مثل تلك التي في الفيلم Glenross Glengary (انظر الاستعراض في askmrmovies.com("المركز الأول هي سيارة العلامة التجارية الجديدة، والمركز الثاني هو مجموعة جديدة من السكاكين شريحة لحم والمركز الثالث وعادة ما يتم تعيين الخاص أطلقت "هذا النوع من المنافسة تصل كل شهر. فريق المبيعات نموذجية من ستة قد تتنافس على اثنين من "جوائز" بأقل اثنين من الفنانين يجري المؤكد أن أطلق تقريبا. و، على الأرجح، يطرح المقبل اثنين من فوقهم على نوع من "تحت المراقبة" لمدة شهر، والتي، عندما تترجم، يعني أنها سوف تطلق الشهر المقبل إذا لم تنتهي إما الأول أو الثاني في المبيعات.
.E الاستثناءات من البقاء للأصلح في السيناريو D هي إذا تتزاحم قوة المبيعات كامل نسبيا عن كثب في أرقام المبيعات، ولكن الجميع يتجهون بأعداد مقبولة. تذكر، مع ذلك، أن أعداد مقبولة هو مصطلح نسبي. 100،000 في المبيعات في شهر واحد قد يكون مقبولا، أما في آخر الشهر ربما قد يعني أنك سوف تطلق.
يرتبط .F لك النجاح بوصفه مدير مساعد المبيعات عن كثب لنتائج فريق المبيعات الخاص بك، لذلك فمن الضروري أن صياغة الفريق الذي تريد ومحاولة لضمان نجاحها إلى أعلى درجة. إذا فشلوا، وسوف تخسر ليس فقط موقفكم من مساعد مدير المبيعات. كنت قد تحصل المعلبة تماما من الشركة. معظم الوقت، ومع ذلك، فإن أسوأ ما سوف يحدث لك هو أن تحصل القيت العودة الى حزمة من الناس مبيعات العام. وهذا هو أيضا الوقت لمحاولة الخروج، واتخاذ الائتمان لبعض الحملات الإعلانية الجديدة التي تعتقد أنها قد تنجح.

ICA والأب 8

الإجابة على المقالات التالية:

1. عندما سوف يتم ترقيته من مساعد مندوب مبيعات لمدير المبيعات؟
2. ما هي الأخبار الجيدة والأخبار السيئة أن تصبح مساعد مدير المبيعات الجديد؟
3. ما، بشكل عام، هي مسؤوليات جديدة لمساعد مدير المبيعات؟
4. ما هي "أرقام مقبولة"؟
5. لماذا يتم تجميع فريق المبيعات الخاص بك، وضمان نجاحها مهم جدا لنجاح الخاص بك؟
6. ماذا سيحدث إذا فشل فريق المبيعات الخاص بك؟

مصادر الإنترنت إضافية لهذا الدرس:

الموارد الفيلم
Glenross القبعة

http://www.askmrmovies.com

واجبات مساعد مدير المبيعات

http://education-portal.com/articles/Advertising_Manager_Job_Description_and_Requirements_for_a
lmth.tnemeganaM_gnisitrevdA_ni_reeraC_

كيفية تأجير والباعة حريق فعال

workbook.pdf2http://www.rabinsite.org/academyLms/content/workbooks/mc
مقدمة إلى الدرس التاسع

هنا بعض النصائح العامة جيدة حول كيفية تقديم نفسك للمشرفين الخاص بك، وزملاء العمل. سواء في الغرب أو في الصين. ويتناول هذا المخطط خطة الدرس أخلاقيات الإعلان (نعم، وكالات الاعلان جيدة لديهم الأخلاق الحميدة) وتحتاج لفهمها.

الدرس 9 - الأخلاق والتنشئة الاجتماعية فخ مكان العمل

A. التواصل الإجتماعي في مكان العمل (وخاصة في مكان العمل)SALES يمكن أن تكون خطرة على الصحة وظيفتك للغاية. الرجال والنساء قد ينام مع بعضها البعض لمجرد الحصول على أهولد من الخيوط المبيعات. مشاجرة بين مندوبي المبيعات التي يرجع تاريخها يمكن أن تكون سامة للفريق المبيعات بأكمله. أن نكون حذرين من أي مبادرات رومانسية في مكتب المبيعات الخاص بك. هناك الكثير من أماكن أخرى للقاء الناس من الجنس الآخر. على الرغم من تشجيع العمل الجماعي والتقارب داخل الجماعة، وهناك دائما تلك المسافة التي أنشأتها التنافس على اثنين من كبار فتحات في المكتب الكامنة وراء كل ابتسامة، كل شرب أو احتفال وكل الوضع الاجتماعي في المكتب.

B. إذا كنت متزوجا، كنت ضعيفة للغاية إذا حاولت حتى الآن شخص ما في المكتب. يعلم الجميع كنت متزوجا. الجميع يعرف انك العبث. كل ما يتطلبه الأمر هو عدو واحد لتجلب لك باستمرار وحياتك المهنية في تلك الشركة قد انتهت. يحدث هذا في كثير من الأحيان في العديد من الشركات؟ بالطبع لا. بعض الناس لا تفلت من العقاب؟ بالطبع يفعلون. ولكنك لن / لمكدسة احتمالات عالية جدا ضدك. حتى يقول البعض أن ممارسة الجنس مع زوجاتهم هو أفضل بكثير من الجنس أنها تحصل خارج المنزل. إذا كان ذلك صحيحا، فلماذا يكون هامبرغر عندما يمكنك الحصول على شريحة لحم في المنزل؟

C. بناء الفريق هو شيء واحد؛ الحصول على ودود جدا مع زملائك في العمل في رحلات عمل في شيء آخر تماما. يحدث في كثير من الأحيان وكانت النتائج المحسوبية، مجموعة خيبة الأمل، تراجع المبيعات والفصل النهائي من موقف مدير المبيعات الخاص بك.

D. ننسى أبدا لثانية واحدة أن بيت القصيد في جميع الشركات هو الربح من المبيعات. كل شيء آخر هو مجرد وهم أو غير ذات صلة.

هل يمكن أن يكون واحد أو أكثر من الصديقات خارج منزلك. هل يمكن أن يكون العديد من الشؤون كما تشاء وستقوم الشركة تدفع حتى بالنسبة لهم المقدمة استمرت أرقام المبيعات لترتفع. لقد كانت الأخلاق والأخلاق أبدا الدعوى طويلة من الإعلان والمبيعات والشركات مزدهرة. الغش على زوجتك أو الزوج، ومع ذلك، يعطي منافسيك (سواء داخل المكتب وخارجه) ميزة أنها لن يكون لها عادة. لماذا تعطي ميزة المنافسة؟

E. وفي مناسبات نادرة، قصة حب حقيقية مكتب تزدهر بين عضوين غير مرتبط من الجنس الآخر، وهذا هو كل شيء حسن وجيد. ومع ذلك، لا تنسوا أبدا للحظة بأن تنظر العديد من الشركات لا يرحم النساء المتزوجات من المسؤولية لأنها يمكن أن تصبح حاملا في أي لحظة ونضيع الوقت شركة قيما للمبيعات والأرباح بسبب عدم قدرتها على مواكبة الذكور واحدة الذين ليس لديهم مسؤوليات من أي نوع. على الرغم من القوانين على العكس من ذلك، العديد من شركات تأجير الرجال والنساء واحد فقط مخصص لوظائفهم. فإنها أيضا توظيف الرجال المتزوجين بدون أطفال. يمارس هذا التحيز من أسوأ نوع شائع من قبل إدارات المبيعات لا تعد ولا تحصى. مرة أخرى، رغم ذلك، يمكن أن تكون امرأة حامل، لديها ستة أطفال واثنين من أصدقائهن في المكتب طالما استمرت أرقام المبيعات إلى الصعود.

F. فرق البيسبول، البولينج فرق وفرق الغولف، التنس فرق وفرق شركة أخرى هي فكرة جيدة لمبيعات الروح المعنوية. الأطراف، الذهاب الى شريط بعد العمل، أو الذهاب إلى شقة شخص ما من العمل قد لا يكون الخيار الأكثر حكمة بالنسبة لمعظم العمال. قد يقول البعض أنهم قد يفقدون وظائفهم إذا لم يكن اجتماعيا وتذهب الشرب "مع اللاعبين". أخبار فلاش؛ الشيء الوحيد الذي يهم هو المبيعات الخاص بك؛ لا شيء آخر يهم. يأتي مع إعلان أفضل.

ICA والأب 9

الإجابة على المقالات التالية:

1. لماذا التنشئة الاجتماعية في المبيعات والإعلان مكان العمل أحيانا النشاط الخطير؟
2. لماذا المتزوجين في بعض الأحيان صعوبة في المبيعات والإعلان مكان العمل؟
3. لماذا الاتفاقيات المبيعات ورحلات العمل أحيانا وضعا خطيرا؟
4. لماذا المبيعات في نهاية المطاف الشيء الوحيد الذي يهم بقدر ما نشعر بالقلق الأخلاق في معظم الشركات؟
5. لماذا هم من النساء في وضع غير مؤات في المبيعات والإعلان مكان العمل؟
6. لماذا هي أنشطة فريق شركة الأفضل للأحزاب والذهاب لتناول مشروب بعد العمل؟

مصادر الإنترنت إضافية لهذا الدرس:

الموارد الفيلم
المجانين (أي حلقة)

http://www.askmrmovies.com

تحديات المرأة في المبيعات والدعاية والإعلان مكان العمل

exec/ من واحد في الإناث http://www.blastradius.com/ideas/confessions

(يبدو أن المؤلف مثل لقب ديفيد أوجيلفي في كثيرا، وقالت انها تستخدم لكتابها الخاص)

بناء الفريق في المبيعات

http://www.teambuildingproductions.net/commercials.htm

مقدمة إلى الدرس عشرة

في مخطط الدرس عشرة، وندرس أفراح من الحصول على حساب الأول. ثم، ندرس حالة الذعر التي تضع في مرة واحدة كنت أدرك أن كنت من المرجح أن تطلق إذا لم تكن ناجحة مع هذا الحساب. قرأت على للذة الأول من نجاح أو فشل الأول الخاص بك في العمل مع عدد أكبر بكثير من كل عاطفة لمتابعة في المستقبل. إذا كنت تريد الأمن، والحصول على وظيفة في بنك أو مدرسة (طبعا، فلن جعل الكثير من المال تقريبا).

الدرس 10 - حساب الأول

ألف مبروك. أنت هبطت للتو حساب الإعلان الأول. كنت قد يكون مساعدا لعدة أشهر قبل أن أعطاك بنفسك أو ربما كنت محظوظا وحصلت بدأت مع واحد بمجرد تم تعيينهم. وفي كلتا الحالتين، يمكنك الرهان المزرعة أن حساب اعطيت لكم هو مهم للغاية. أنها لا تسير على ثقة حساب رئيسي إلى وكيل الدعاية المبتدئين. هذه هي الأخبار الجيدة والأخبار السيئة. والخبر السار هو أن يكون لديك حساب الأول وفرصة لاظهار ما يمكنك القيام به. الأخبار السيئة هي أنه ربما يكون حساب أراد أي عضو كبار آخرين وأن أي شخص في المكتب لفترة أطول مما كنت قد مرت بالفعل. فرص التي سوف تفشل مع هذا الحساب هي عالية جدا؛ كذلك أكثر من 50٪. ومع ذلك، وربما لن الحصول على النار إذا فشلت، لأن لا أحد يريد ذلك في المقام الأول. وربما هو عنصر الصعب جدا لبيع أو تقديم جذابة للجمهور. اسمحوا لي أن أقدم لكم مثالا. الآس علة بخاخ للصراصير.

.B كيف تجعل الشوائب السامة رذاذ جذابة؟ دعونا نواجه الأمر، رذاذ علة ليس جذابا جدا، لذلك كان لديك لمهاجمة المشكلة من منظور مختلف. كم يفعل الناس يكرهون الصراصير؟ يمكنك الاستفادة من عنصر الخوف النفسي من الصراصير في المطبخ، والحمام وغرفة النوم؟ كان لي مجموعة من الطلاب العمل على هذا الحساب، وهذا هو ما خرجت. وكان أحد الطلاب رجل يستيقظ مع صرصور عملاق في السرير معه بدلا من زوجته. ذهب هذا الطالب لزاوية روح الدعابة. وكان طالب آخر مجموعة من الصراصير مداهمة الثلاجة، دون ترك أي الطعام للأسرة. كان هذا أيضا نهجا روح الدعابة. لديه طالب ثالث رجل يطلب من زوجته أن يمر عليه منشفة بعد أن يكون قد اغتسل وصرصور يسلم له منشفة. لذلك يعتقد أن أفضل طلابي الفكاهة هي أفضل طريقة للتعامل مع هذا المنتج وأنا أتفق معهم.

.C كيف يمكنك التغلب على المنافسة؟ يقولون أن الحقيقة هي الضحية الأولى للحرب. حسنا، هذا صحيح في الإعلان أيضا. كل منتج يدعي أنه الأفضل والأقل تكلفة. بالطبع، هذا ليس رياضيا الأرجح، ولكنها جميعا ثقه، على أي حال. لذلك يجب أن يكون المنتج الخاص بك تلقائيا أفضل على السوق (حتى إذا لم يكن). فإن السؤال التالي هو لماذا هو الأفضل في السوق؟ الآن لديك من أجل التوصل إلى فكرة معقولة لماذا هو أفضل. يستخدم واحد من طلابي هذه الحيلة: "يتم استخدام البخاخات الأخرى والبق حفاظ على العودة، ولكن يعمل ايس علة الرش بعد الاستخدام واحد فقط (وسوف يكون الخلل مرة أخرى بعد هذا الاستخدام واحد أيضا). لاحظ الصياغة الواردة في الإعلان. فإنه لا يدعي الواقع أن الأخطاء لن يعود بعد الاستخدام واحد؛ انها مجرد تنص على أنه يعمل بعد استخدام واحد فقط. حسنا، كل علة الرش تعمل بعد استخدام واحد، ولكن هذا ليس مهما. القارئ يعتقد أن الأخطاء لن يعود بعد استخدام واحد. هذه هي قوة اقتراح. طالب آخر يستخدم النموذج الاقتصادي للإعلان لها. "يقتل منهم بالرصاص مع رذاذ ONE فقط" والمعنى الضمني هنا هو أنك لا تحتاج إلى الكثير من المنتجات للتخلص من مشاكلك، وحتى على المدى الطويل، وسوف تقوم بحفظ المال. في الواقع، كل علة الرش تقتل أي خلل مع رش واحدة فقط، ولكن يعتقد أن أي شركة أخرى من اتخاذ ذلك شعارا. هذه هي الطريقة التي تغلب على المنافسة. أن ندرك أن كنت بالفعل على الجليد زلق في الساحة الأخلاقية.

.D العمل الفني والنسخ يجب أن يكون الرسم وإرسال رسالة إلى المشتري. تظهر علة الميت وعبارة "رذاذ واحد فقط، ويذهبون بعيدا" طالب واحد المقدمة. جميع البق تزول بعد رش واحدة، ولكن الفكرة يعطي الصورة أن يقتل رذاذ الشوائب والحشرات الأخرى لن تأتي من أي وقت مضى بالقرب من هناك مرة أخرى (ما من الخيال). وجه علة ينبغي أن تكون في النزع الأخير أو في خوف. في الواقع، لا البق ليس لديه تعابير الوجه سواء. تظهر امرأة على العلبة قتل الخطأ. معظم النساء يكرهون والبق هي أنظف وأكثر من معظم الرجال (الذين هم عموما الخنازير القذرة الذين لا يهتمون إذا هي عدد قليل من البق في المنزل). العلبة هو سلاح في يد المرأة ويخول لها إلى حد ما.

.E الحصول على المنتج الخاص بك معروف وتوزيعها. لا يمكنك زيادة المبيعات عن طريق الانتظار للعملاء ليأتي لك. فإن التعامل مع هذا الحساب إكسيك الإعلانية لديها للانخراط في مجال تسويق وتوزيع هذا المنتج، فضلا عن التورط من نهاية الإبداعية. دفقة حرفيا الإنترنت مع المنتج الخاص بك. من عملية البيع. 33٪ أقل. شراء اثنين واحصل على واحد مجانا (نفس و33٪ من بيع). مخازن الاتصال في الأحياء الفقيرة؛ لديهم معظم المنازل مع الصراصير. استهداف الناس من الطبقة الفقيرة و-.working انهم هم الذين يعانون أكثر من غيرهم من هذه المخلوقات الصغيرة. معرفة ما منافسيك هو اتهام وتلبي أو الفوز على السعر.

F. مبروك. حصة السوق الخاصة بك هي بنسبة 1٪ هذا الشهر. وكانت الحملة الإعلانية نجاحا. جعلت ايس علة بخاخ شركة اضافي مبلغ 200،000 دولار من المبيعات. وسوف نكون سعداء جدا لإعطاء وكالة إعلانك مكافأة 10000 $ على أعلى من 10000 $ دفعوا للحملة. وكانت الحملة الإعلانية الأولى نجاحا، ولكن لا تدع التي تذهب إلى رأسك. هل يمكن أن يكون بسهولة مثلما فشلت. عاجلا أم آجلا، سوف احدة من الحملات الإعلانية تفشل. هذا هو اليقين الرياضي. ولكن التمتع نجاح الأول. إذا كنت قد فشلت، سيكون لديك لتجاهل فشلك والخروج مع حملة أفضل في المرة القادمة.

10 HW و ICA

الإجابة على المقالات التالية

1. لماذا هي الأخبار الجيدة والأخبار السيئة للحصول على حساب تجريبي في وكالة الإعلان؟
2. كيف تجعل رذاذ علة جاذبية للمشتري؟
3. كيف تغلب على منافسيك؟
4. لماذا هي الأعمال الفنية ونسخ المهم؟
5. ماذا يجب ان تفعل اذا كنت ناجحا مع الحملة الإعلانية الأولى؟ كيف يجب التعامل مع الفشل؟

مصادر الإنترنت إضافية لهذا الدرس:

الموارد العامة

http://www.askmrmovies.com

شهوة من أجل الحياة (1956) - فيلم الفنان العظيم

حسابات أول في وكالات الإعلان

http://en.wikipedia.org/wiki/Account_planning

الأعمال الفنية ونسخ في الحملات الإعلانية

(فيلم وثائقي) /ypoc_dna_tra-1216754http://www.rottentomatoes.com/m/

مقدمة إلى الدرس الحادي عشر

موافق، لذلك كنت حصلت على الحظ وتلقى رواجا كبيرا بين حملتك الأولى. آن معا شيء جيد وشيء ليس على ما يرام. الآن بعد أن كانت ناجحة مع عميل واحد، سيتم مديري الخاص يتوقعون منك أن تكون ناجحة مع كل عميل. في لعبة البيسبول، يمكنك جعل الرافضة اثنين من ثلاث مرات، ومازال يقود الدوري في ضرب، ولكن في الإعلان، من شأنه أن تحصل فقط كنت أطلقت. تحقق من هذه الخطة الخطوط العريضة الدرس على كيفية إضافة إلى النجاح الأولي الخاص بك.

الدرس 11 - إضافة إلى محفظة حسابك الخاص

A. لذلك كان لديك قليلا من النجاح مع العميل الأول الخاص بك. لا ندعه يذهب إلى رأسك. لا يوجد سوى اثنين الاتجاهات يمكنك الذهاب في الأعمال؛ إما صعودا أو هبوطا. لا أحد الانزلاقات فقط على طول على ما أنجزوه. كنت إما لزيادة المبيعات وكالتك أو المبيعات آخذة في التناقص، وهو ما يعني، بطبيعة الحال، كنت في نهاية المطاف يطلب الرحيل. دعونا نفترض من أجل حجة كنت على الاتجاه الصعودي. كنت ناجحا مع ايس علة بخاخ والآن كنت قد اشتعلت العين من كبار الشركاء في شركة ووضع الخوف في قلب بعض الأعضاء الآخرين في كالتك. هل يمكن أن يكون في خط لحساب آخر؛ هذه المرة سيكون على حساب أكبر و / أو أفضل من الآس علة الرش. ربما كنت ستعمل مع "A" فريق بدلا من "B" فريق.

قد اشتعلت العين من كبار الشركاء في شركة ووضع الخوف في قلب بعض الأعضاء الآخرين في كالتك. هل يمكن أن يكون في خط لحساب آخر؛ هذه المرة سيكون على حساب أكبر و / أو أفضل من الآس علة الرش. ربما كنت ستعمل مع "A" فريق بدلا من "B" فريق. أيا كان الوضع تجد نفسك في، يمكنك الرهان المزرعة فإنه سيكون أكثر تعقيدا من حساب الأول. تكون على استعداد لعميل أكبر.

B. شركتك ضعت قبالة بيل كليمنس، الذي كان مع الشركة لمدة ثلاث سنوات. يبدو أن خط بيل من الحظ عندما انتهى وقال انه بالنظر حساب الصلبة وندعه يذهب إلى أسفل لفصلين على التوالي. كان بيل جيدة أو سيئة؟ حقا لا يهم. الشيء الوحيد الذي يهم هو البيع؛ وكانوا

أسفل ربعين على التوالي. لقد تم تسليم الحساب. والخبر السار هو أنك ربما يمكن أن تفشل هذه المهمة ويكون لا يزال الإبقاء عليها، لأن ثم فإن الوكالة يعتقدون أن هناك شيء خاطئ مع العميل إذا فشل اثنين من وكلاء الإعلان على عميل على التوالي. (العملاء وعادة ما تنخفض لك على أي حال إذا واجهوا الفشل اثنين على التوالي أيضا). الأخبار السيئة هي أنك استدار ايس علة الرش وتوقعات مرتفعة التي سوف يستدير شركة حذاء رياضة بابا، والتي حققت نجاحا كبيرا لعامها الأول في السوق الأمريكية (أنها تأتي من الصين، وبطبيعة الحال)، ولكن زيادة الضغط من انعكس نايك وأديداس بعض المكاسب التي قطعتها في حصة السوق في السنة الأولى. عملك هو لزيادة حصتها في السوق الحالية من 4٪ إلى 5٪ أو حتى 6٪ لديهم في السنة الأولى.

C. تذكر، لا يزال لديك لخدمتكم عميل آخر، ايس علة الرش، بالإضافة إلى الخروج مع حملة للبابا حذاء رياضة. تأكد من عدم نشر نفسك رقيقة جدا من خلال اتخاذ العديد من العملاء في وقت واحد. تفويض بعض الصلاحيات إلى واحد من مساعدي الخاص بك (قبل هذا الوقت، وأعطت كبار أعضاء كنت مساعدا). يكون لهم مراقبتهم على ايس حملة علة بخاخ للتأكد من أنها تسير وفقا لتوقعاتك. ثم يمكنك البدء في تنظيم حملة جديدة للحصول علي بابا حذاء رياضة.

D. فما الخطأ الذي حدث مع بابا رياضة؟ لماذا لم تفقد حصتها في السوق للربعين الأخيرين. تحتاج إلى القيام بأبحاث واسعة النطاق قبل محاولة حملتك الجديدة. ويظهر البحث الخاصة بك أن نايكي خلق منتج المنخفضة نهاية للتنافس مع الأسعار المنخفضة التي تقدمها بابا حذاء رياضة. هذا انخفاض ميزة أنه كان بابا رياضة عندما ضرب أول السوق ونهون من جميع العلامات التجارية الأخرى حذاء رياضة المحلية. حتى نايك هاجم لك. تحتاج إلى مهاجمة نايك حق العودة. تم تعيين واحد من طلابي المشكلة بابا رياضة وجاء مع هذا الحل. نسخ الجزء العلوي من أنماط الخط من نايك وبيعها أقل بكثير مع كل نفس المكونات. استخدام مجموعة تقارير المستهلكين مستقلة لمقارنة أعلى الخاص بك من أنماط الخط والجودة مع أن من نايك للأسعار التي يتم تقديمها على حد سواء. يجب على المستهلك مجموعة الخروج مع الاستنتاج بأن للسعر، بابا رياضة نقدم كل نفس النوعية أن الجزء العلوي من خط أحذية رياضية نايك تقدم، ولكن بسعر أقل. إذا يمكنك إنجاز هذه الاستراتيجية، سوف تكون في خط لمكافأة كبيرة جدا، وزيادة كبيرة، ومكتب جديد في خط لحسابات حتى أكبر وأفضل.

E. ماذا لو فشلت؟ ماذا لو بابا رياضة لا تريد أن تأخذ فرصة للذهاب وجها لوجه مع قوي نايك؟ فإنك إما أن تطلق أو تعطى فرصة أخرى مع حساب آخر. بغض النظر عن النتيجة، سيكون لديك دائما لإنشاء حملة جديدة مع الأفكار الجديدة. حتى لو كنت تعمل لنصف دزينة من وكالات الاعلان، كل ما يتطلبه الأمر هو فكرة جيدة واحدة وحملة جيدة لجعل العلامة الخاصة بك في عالم الإعلان. تبقي فقط يتأرجح بعيدا، وعاجلا أم آجلا، سوف تصل إلى واحد من الحديقة.

11 HW و ICA

الإجابة على المقالات التالية:

1. ماذا سيحدث إذا كان لديك النجاح مع العميل الأول؟
2. ماذا سيحدث إذا فشلت في الالتفاف عميل مع المشاكل؟
3. كيف ينبغي لكم خدمة زبائنك إذا قمت بإضافة المزيد من العملاء لمحفظتك؟
4. كيف يمكنك المضاد المنافسة؟
5. كيف يجب أن يعامل حملة إعلانية فاشلة؟

مصادر الإنترنت إضافية لهذا الدرس:

الموارد العامة

http://www.askmrmovies.com

الفشل: الفيلم (2012)

مضيفا إلى قاعدة العملاء الخاصة بك

http://www.shmoop.com/careers/sales-representative/

التعامل مع الفشل في الدعاية والإعلان

-12http://www.theradiostations.com/ أسباب الفشل الإعلانات

مقدمة إلى الدرس اثنا عشر

هناك قول مأثور أن يتم الحكم علينا من قبل الشركة واصلنا. ليس هناك ما هو أصدق من هذا البيان في عالم الإعلان. إذا كنت تنام

مع الخنازير، وسوف ينظر لك خنزير نفسك. بغض النظر عن لديك بدلة ثلاث قطع من بروكس براذرز. لا ينبغي فقط أن تتبع النصيحة التالية من أوجيلفي، ولكن جاء بالرسالة.

الدرس 12 - كيفية اختيار العملاء للدعاية والإعلان

ألف خلافا للاعتقاد الشائع، وهي شركة الإعلان جيدة لا يأخذ كل عميل التي تأتي من خلال الباب. من شأن ذلك أن يعرض للخطر سمعة الوكالة تحاول بناء.

B. كن فخورا للإعلان عن المنتج العميل يحاول بيع. إذا كان لديك مشكلة بيع الملابس الداخلية سيدة، ثم لا نقبل الحساب.

C. تقبل أبدا حساب إلا إذا كنت تعتقد أنك يمكن أن تؤدي وظيفة أفضل يمكن التحقق من سلفكم.

D. حاول عدم إضافة عملاء مع امتداد طويل من خسائر متتالية في حصتها في السوق على مدى عدة أرباع.

E. تجنب العملاء الذين يطالبون أيضا؛ عملاء يطالبون غالبا ما يكون من الأفكار المسبقة ما يصلح وما لا يعمل. هذا يخنق الإبداع وقدرة موظفيك لشن حملة جديدة فعالة.

F. التماس من العملاء بمنتجات من تكلفة الوحدة منخفضة، الاستخدام العالمي، وشراء المتكرر (فرشاة الأسنان، ورق التواليت، والحلوى، والمشروبات، الخ). لديهم ميزانيات أكبر وأسهل للاختبار من البنود عالية تذكرة.

G. تجنب الجماعات أو اللجان التي تتطلب أكثر من شخص واحد إلى موافقة حملة الإعلانية. تأكد من أنك مسؤول أمام رئيسه وحده وليس لأحد آخر.

H. لا يقبل العميل مع شرط أنه يجب أن يكون واحدا من عمالها على موظفيك.

I. تجنب العملاء الذين يتصرفون مثل الفتوات.

J. تجنب العملاء الذين يعلن علانية لك كمرشح لحملتهم. الفشل العام لتوظيف مثل هذه النتائج العميل في الأضرار التي لحقت كالتك.

K. تجنب التنافس مع أكثر من ثلاث وكالات أخرى في وقت واحد للحصول على حساب.

12 HWو ICA

الإجابة على المقالات التالية:

1. لماذا يجب أن تكون انتقائية في اختيار العملاء للخدمة لكالتك؟
2. لماذا يجب تجنب عملائه؟
3. لماذا يجب أن نبحث عن عملاء مع منتجات ذات تكلفة الوحدة منخفضة؟
4. لماذا يجب تجنب علانية تتنافس على حملة؟
5. لماذا يجب تجنب المواقف التي تحتاج فيها الحملات الإعلانية على موافقة أكثر من شخص واحد؟

مصادر الإنترنت إضافية لهذا الدرس:

الموارد العامة

http://www.askmrmovies.com

ايرين بروكوفيتش (2000) يدرس الأخلاق في الإعلان

معايير قبول عملاء جدد في الدعاية والإعلان

company.html حسابات جديدة-الإعلانات serudecorp_8681316http://www.ehow.com/info_

تجنب العملاء غير صحيح في وكالة إعلانات

http://marketing.about.com/od/advertising/tp/marketmistakes.htm

مقدمة إلى الدرس الثالث عشر

هنا أوجيلفي ينصحنا حول كيفية الحفاظ على العملاء. الحصول عليها أسهل أحيانا من الاحتفاظ بها. يمكن فقدان عميل أن يكون مشكلة بالنسبة لك ولشركتك. كن مستعدا للخسارة في نهاية المطاف عميل من خلال وجود خطة بديلة في حال ترك سفينتك. أوجيلفي يعطينا العديد من النصائح حول كيفية الحفاظ على عملائنا سعيدة.

الدرس 13 - كيفية الحفاظ على العملاء

A. يتغير متوسط العميل وكالات الاعلان كل سبع سنوات. تأكد من تكريس أفضل العاملين لديك للحفاظ على الزبائن، وليس الحصول على جديد منها. يجب فصل ظائف الشركة الخاصة بك إلى بدء العميل والصيانة العميل. أبدا خلط اثنين مع شخص واحد.

B. تعرف من تاريخ الإعلان العميل الخاص بك والوكالات التابعة لها. تجنب عملاء وكالات تغيير بشكل متكرر أو لديهم تاريخ مع الفقراء وكالاتها

C. عند إقامة علاقة مع العميل، في محاولة لإقامة الاتصالات على جميع مستويات الشركة.

D. محاولة للتعامل مع أعلى مستوى من الشركة في جميع الأوقات؛ كبار المديرين التنفيذيين والرؤساء هم أقل اضطرابا من التعامل مع المرؤوسين.

E. لا تضع الكثير من التركيز على أي عميل واحد. يمكن وجود قدر غير متناسب من الأعمال من عميل واحد يؤدي في النهاية إلى فقدان قدر غير متناسب من الأعمال إذا فقدت هذا العميل.

F. قياس الوقت اللازم لخدمة العميل. تأخذ رسوم يدفعها العميل الخاص بك والقسمة على كمية الساعات التي يقضيها على حسابه. إذا انخفض متوسط الأجر بالساعة أدناه X، يجب إسقاط العميل.

G. تجنب فرق ولجان كلما أمكن ذلك؛ جعل العرض التقديمي للرئيس التنفيذي، رئيس أو بعض الدول الأخرى رئيسي صانع القرار؛ ليس تابعا.

H. تأكد من تكرار العرض التقديمي مرتين أو ثلاث مرات قبل أن الواقع إعطائها إلى العملاء المحتملين الخاص بك.

I. تجنب استخدام اللجان أو أكثر من شخص واحد لتقديم عرض. وقد أظهرت الأبحاث أحد المتحدثين هو أكثر فعالية من مجموعة من المتحدثين.

J. أخبر العميل الخاص بك إلى الحقيقة؛ حتى لو كنت تكاليف لكم الحساب.

K. لا تسمح البلطجة من أي نوع داخل مكتب أو وكالة الخاص بك؛ أي شخص النار الذي لا متناغم، أو على أقل تقدير، تعاونية ومرنة.

13 HWو ICA

الإجابة على المقالات التالية:

1. لماذا هو الحفاظ على الزبائن بنفس أهمية الحصول عليها في المقام الأول؟
2. لماذا يجب عليك البحث بدقة تاريخ تاريخ الإعلان العميل الخاص بك المحتملين على ذلك؟
3. لماذا يجب أن يقدم إلى أعلى مستوى من شركة العميل الخاص بك المحتملين على ذلك؟
4. لماذا يجب تجنب أي عقد غير متناسب من العملاء المحتملين؟
5. كيف يجب اتخاذ قرار لإسقاط عميل؟
6. لماذا يجب أن تكون صادقا في جميع الأوقات مع كل ما تبذلونه من العملاء؟
7. لماذا لا تسمح البلطجة في المكتب أو وكالتك؟

مصادر الإنترنت إضافية لهذا الدرس:

الموارد العامة

http://www.askmrmovies.com

تاكر (1988) - فيلم عرض كبيرة

كيفية الاحتفاظ العملاء الإعلان

تحتفظ-عملاء http://www.marketingdonut.co.uk/marketing/customer-care/how إلى الصعب في مرات

أسرار لعروض جيدة

/ylevitceffe-أسرار مقابل استخدام-باور بوينت http://www.thinkoutsidetheslide.com/ten

مقدمة إلى الدرس الرابع عشر

من المهم أن ندرك أنه اليد الواحدة لا تصفق في لعبة الدعاية. لا يمكن أن تكون ناجحة من دون تعاون العميل، والعميل الخاص بك لا يمكن أن تكون ناجحة إلا إذا تعاون معكم. في هذا الدرس خطة المخطط، يشير أوجيلفي كيف ينبغي أن يتصرف تجاه عملاء الرجال إعلانهم أو النساء.

الدرس 14 - كيف يجب أن تتصرف العملاء نحو كالتك؟

يجب ألف عملاء لا خلق جو من الخوف على وكالتك.
B. لدرجة كبيرة، ويحدد سلوك العميل نجاح أو فشل حملة إعلانية جيدة.
C. السماح الوكالة الإعلانية للقيام نهاية الإبداعية من العمل؛ لا التنافس معها في هذا المجال.
D. العمل مباشرة مع وكالتك رئيسا لشركتك.
E. تأكد من يدفع جيدا بين الوكالات الإعلانية لزيادة الأرباح الخاصة بك كل ربع سنة. يمكنك الرهان سوف معاقبة لهم أو إطلاق النار عليهم إذا المبيعات تنخفض في أي جهة، حتى تكون على استعداد لدفع لهم التوفيق لتحقيق النجاح.
يتم قياس المصروفات .F كالتك في ساعة؛ إذا كنت تريد المزيد من البحث، قبل الاختبار، والعروض اختبار، اختبارات الإعلان الانقسام، لقطات تلفزيونية، إذاعية وصحف البقع، وتكون على استعداد لدفع ثمن كل هذه الخدمات الإضافية وفقا لرسوم الفواتير كل ساعة. الرسم البياني للساعة لكل من هذه وغيرها من الأنشطة يمكن أن تختلف، ولكن ينبغي التفاوض في وقت مبكر من العقد.
G. كن صريح مع وكالتك ولها أن تكون وكالتك صريحة معك.
أرقام .H عموما لا تكذب. الشعب الوحيد تكذب. وتقول الأرقام الخاصة بك إذا حان الوقت لحملة إعلانية جديدة. اتبع الأرقام. إذا الأرقام الخاصة بك جيدة، لا تصلحه إذا لم يتم كسر.
I. التبديل إلى خطط شهرية من الخطط الفصلية. أفضل للعثور على تركيا في شهر واحد أو حملة إعلانية كبيرة في شهر واحد.

14 HWو ICA

الإجابة على المقالات التالية:

1. لماذا يجب ألا يستأسد الوكالة الإعلانية؟
2. لماذا يجب أن نهاية الخلاقة للحملة إعلانية تأتي من وكالة؟
3. لماذا يجب أن أجرك الإعلان كالة جيدا لشهور مربحة والأحياء؟
4. لماذا يجب أن تكون على بينة من مقدار الساعات والوكالة الإعلانية تنفق نيابة عنك؟
5. كيف تتصرف الشركة في ما يتعلق أرقام التي تأتي في كل شهر أو ربع؟
6. لماذا خطط شهرية أكثر فعالية من خطط فصلية؟

مصادر الإنترنت إضافية لهذا الدرس:

الموارد العامة

http://www.askmrmovies.com

الإبداع: الفيلم (ليست كبيرة ان يمكنك أن تتعلم أن تكون خلاقة من فيلم لدي جسر أود أن يبيع لك وكذلك في بروكلين؟)

http://www.creativitymovie.com/

الإبداع في الدعاية والإعلان

1/ra/tnseod-TI-في الإعلان عندما، فإنه حتى يعمل وعندما ytivitaerc/06/2013http://hbr.org/

الفواتير في الدعاية والإعلان

http://advertising.about.com/od/advertisingglossaryb/g/Billings.htm

مقدمة إلى خمسة عشر الدرس

بناء حملة إعلانية كبيرة ليست في معظمها الحظ (على الرغم من وجود بعض الحظ المعنية). فإنه يأخذ قدرا كبيرا من البحث والعمل الجاد. قبل كل شيء، فإنه يأخذ الانضباط. يدرس هذه الخطة الخطوط العريضة الدرس المشورة السليمة أوجيلفي على كيفية بناء حملة إعلانية قوية.

الدرس 15 - كيفية بناء الحملة الإعلانية الصلبة

A. تكون منضبطة للغاية مع الخطة والتطبيق الخاص بك
B. هناك أربعة إعلانات جيدة:
1. أي إعلان أن يوافق على العميل (وفقا لمدرسة واحدة للفكر)
2. أي إعلان أن تذكرت من قبل الجمهور والصناعة
3. أي إعلان التي تبيع دون لفت الانتباه إلى الإعلان، ولكن فقط للمنتج
4. أي الإعلان الذي يزيد من مبيعات الربع السابق (الرأي البلاغ)
يمكن مبالغا فيه .C الإبداع. أكثر أهمية من الإبداع هي زيادة المبيعات خلال الربع الأخير.
D. معرفة الحقائق من الدعاية. النظام الإلكتروني يعتمد بشكل شبه كامل على الإعلان. شهر واحد هو متسع من الوقت لاختبار هذه العملية.
E. جعل الوعد الذي إغراء للعملاء من العميل وإعطاء الحقائق.
F. محاولة لبناء العلامة التجارية الخاصة بك مع الاعلانات الخاصة بك. سيؤدي ذلك إلى زيادة المبيعات الخاص بك
G. تجنب التخفيضات والأسعار من الصفقات. فإنها تميل إلى لحط المنتج الخاص بك

H. لا تنسخ أو الإعلانات التجارية الناجحة الأخرى؛ التي يعملون بها المنتجات الأخرى، ولكن قد لا تعمل للك.

ICA وHW 15

الإجابة على المقالات التالية:

1. ما تعتبر الإعلانات جيدة؟
2. لماذا هو المبالغة الإبداع؟
3. ما هي أهمية وعد للمستهلك؟
4. لماذا تبني لك أهمية العلامة التجارية؟
5. لماذا يجب تجنب خصومات وكوبونات لمنتجك؟
6. لماذا هو أنه من المستحسن عدم نسخ الإعلانات الأخرى؟

مصادر الإنترنت إضافية لهذا الدرس:

الموارد العامة

http://www.askmrmovies.com

أعظم فيلم تباع من أي وقت مضى (وثائقي 2011) - فيلم جيد حول العلامات التجارية

كيفية بناء العلامة التجارية

http://www.wikihow.com/Build العلامة التجارية الإنصاف

خلق وعد لالمستهلك

Promise.pdf20٪http://www.gazelles.com/columns/Brand

مقدمة إلى الدرس ستة عشر

هذا هو المكان الذي يأتي الخبرة أوجيلفي في البريد المباشر إلى الواجهة. في هذا الدرس الخطوط العريضة، وقال انه يأخذنا خطوة خطوة من خلال عالم البريد المباشر نسخة الإعلانية الكتابة. جوهر الدعاية الجيدة. هذه المبادئ هي الصخور الصلبة واحتياطيا مع الحملات الإعلانية يمكن التحقق منها التي جعلت الملايين من الدولارات، ويمكن أن تمارس بسهولة للدعاية البريد الإلكتروني. حتى تأخذ إشعار.

الدرس 16 - كيفية كتابة نسخ ممتاز

A. عنوان هو أهم جزء من نسخة إعلانك. سوف 80٪ من نجاحك أو الفشل يعتمد على العنوان الخاص بك.
B. كلمتين الأقوى في الإعلان هي حر وجديد.
C. كيفية الإعلان هو عبارة أخرى قوية.
D. أطول عناوين من 6-10 كلمة على الأقل بيع أكثر من عناوين أقصر.
E. تضمين وعد البيع الخاصة بك في العنوان الخاص بك إن أمكن.
F. محاولة لتضمين اسم العلامة التجارية في العنوان الخاص بك. تجنب السلبيات في عناوين الصحف.
G. الجسم النسخ هو النص الذي يقرأ تحت عنوان رئيسي. تجنب القياس. حتى البسيطة منها.
H. الكلمات 50 الأولى من النسخ الجسم هي في غاية الأهمية. اذا واصلتم الفائدة بعد 50 كلمة، فإن القارئ يقرأ عادة ما يصل إلى 500 أو حتى 1000 كلمة.
أولا: المزيد من الحقائق كنت اقول في نسخ الجسم، والمزيد من المنتجات التي ستبيع.
J. تضمين شهادات في النسخ الجسم كلما أمكن ذلك؛ أنها تزيد المبيعات.
K. حاول استخدام النصائح المفيدة في النسخ الجسم الخاص بك، لأنه يزيد المبيعات.

ICA وHW 16

الإجابة على المقالات التالية:

1. لماذا هو عنوان أهم جزء من نسخة إعلانك؟
2. لماذا أحرار والجديدة الكلمتين أقوى في الإعلان؟
3. لماذا أطول عناوين خلق المزيد من المبيعات من أقصر منها؟
4. لماذا يجب أن تشمل الوعد والعلامة التجارية في العنوان الخاص بك؟
5. لماذا الكلمات الخمسين الأولى من جسمك نسخ أهم جزء من هذا القسم؟
6. لماذا يجب أن تشمل الشهادات والمشورة في النسخ جسمك؟

مصادر الإنترنت إضافية لهذا الدرس:

الموارد العامة

http://www.askmrmovies.com

المواطن كين (1941) - كلاسيكية من إعلانات الصحف

خلق عناوين بسيطة للدعاية والاعلان

النص المقترح:
فن عادي نقاش - اختبار فليش

http://advertising.about.com/od/printadsandflyers/a/writingheadline.htm

خلق نسخة جيدة للدعاية والاعلان لديك

152095a-الإعلانات النسخ gnitirw/elcitra/moc.101http://suite

مقدمة إلى الدرس السابع عشر

في هذا الدرس خطة مخطط، أوجيلفي يأخذنا من خلال فن بعيد المنال اختيار الصور المناسبة وخلق الأنواع الصحيحة من الملصقات من شأنها أن تدفع المبيعات حتى إذا نفذت بشكل صحيح. صورة تساوي ألف كلمة، ولكن فقط إذا كان هذا هو الصورة الصحيحة. يحدث لي للمشاركة نفور أوجيلفي لوحات على طول الطرق السريعة الرئيسية في الولايات المتحدة. ومع ذلك، فإنها لا تنتج الإيرادات، لذلك .....

الدرس 17 - كيفية توضيح الإعلانات والملصقات

A. موضوع إعلانك الآن أكثر أهمية تقنية تستخدمها لإنشائه.
B. الإعلانات يجب أن تعمل على فضول المشاهد. وهذا يتطلب ما يعرف باسم قصة الاستئناف. الحصول على أفضل الصور الفوتوغرافية المطلقة للإعلانات والملصقات الخاصة بك ضرورية لمجرد الحصول على فرصة في النجاح.
C. والصور يجب أن التواصل أو التلغراف الوعد البيع الخاصة بك إلى العملاء المحتملين. تجنب مضحك جدا أو فنية أيضا في إعلانك. سوف ينتقص من وعد البيع.
D. عند استخدام صورة لرجل، وتفقد قسم كبير من النساء والمشاهدين المحتملين، إذا كنت تستخدم صورة لامرأة، تفقد جزءا كبيرا من جمهورك الذكور. استخدام زوجين كلما بيع منتج الجنسي محايد.
E. إذا كانت المرأة هي التي تستهدفها، والطفل هو أفضل الموضوع. استخدام النساء لبيع مثير للمرأة لا يعمل وكذلك باستخدام ربة منزل عادي. الإعلانات اللون هي 50٪ أكثر فعالية من الإعلانات بالأسود والأبيض. إعلانات الحشد لا تعمل وكذلك الإعلانات موضوع واحد.
F. تجنب تظهر المباني والمواضيع الجامدة. تجاهل مشورة المخرجين الفن، انهم أكثر اهتماما بالفن من بيعها.
G. الإعلانات التي تبدو وكأنها صفحات تحريرية جعل 50٪ + أكثر في المبيعات. تأكد من صورك لديها جيدة تحت عنوان (وفقط تحت). بدء نسختك مع الحرف الأول كبير. تجنب الفقرات الطويلة. وينبغي أن تكون الفقرة الأولى 12 كلمة أو أقل.
H. يجب أن تكون نسختك لا أوسع من مقالات في الصحف. وهذا هو أعلى نسبة العائد على إعلانات العرض.
I. تعيين إعلانك في نوع 10 أو 11 نقطة. نوع أصغر من هذا تبيع بسعر أقل من ذلك بكثير. نوع أكبر من هذا يستغرق الكثير من

الغرفة على إعلانك.
J. عن طريق نوع بولد هو جيد بعد ثلاث أو أربع فقرات لكسر الرتابة إعلانك. تضاف أيضا الرسوم التوضيحية كل ثلاث أو أربع فقرات.
ك * استخدام الرصاص أو النجمة * لمساعدة القارئ إلى الفقرات الخاصة بك.
L. حافظ لأسود على أبيض للإعلانات. تجنب أبيض على أسود. تجنب النص الملون.
م العنوان الخاص بك يجب أن يكون نفس الحجم من البداية الى النهاية. تجنب الإعلانات في .CAPS إلى صعوبة القراءة (لأننا تعلم القراءة بأحرف صغيرة).
N. بالنسبة للإعلانات القسيمة، وطرح القسيمة الخاصة بك في الجزء الأوسط العلوي من إعلانك وأي مكان آخر.
O. مشروع صورة للفئة في إعلانك. الناس لا يحبون أن ينظر إلى المنتجات التي يعتبرها آخرون من الدرجة الثانية المستهلكة.
نسخة .P الإعلان متفوقة على ملصقات في أكثر من 90٪ من كل الإعلانات (وفقا لمدرسة هارفارد للأعمال). نسخة الدعاية الجيدة نادرة مثل القصص القصيرة والروايات جيدة جيدة.
س: إذا أنت يجب أن تفعل ملصق، وتكون الفاحشة قدر الإمكان. استخدام الصور واقعية وتجنب الملخصات. لديك خمس ثوان لوحات اعلانية. انتباه السائق هو حتى أقل من ذلك في كثير من الحالات المرورية. استخدام الألوان القوية النقية، أي أكثر من ثلاثة ألوان، والجميع ضد خلفية بيضاء. استخدام أكبر عدد ممكن من نوع مع العلامة التجارية الخاصة بك (كوكا كولا) مرئية (8 كلمة أو أقل).

17 HWو ICA

الإجابة على المقالات التالية:

1. لماذا هم موضوع إعلاناتك أكثر أهمية من الأسلوب الذي تستخدمه لبيعها؟
2. لماذا هي الفضول ووعد العوامل الرئيسية في تطوير إعلانك؟
3. لماذا هو اختيار الصور جزءا كبيرا من حملة إعلانية ناجحة؟
4. لماذا ينبغي أن تكون نسختك العرض الصحيفة؟
5. لماذا يجب تجنب استخدام نوع كبير في إعلاناتك؟
6. لماذا ينبغي أن تكون نسختك قصيرة جدا لوحات؟

مصادر الإنترنت إضافية لهذا الدرس:

الموارد العامة

http://www.askmrmovies.com

الكتابة سيئة (وثائقي) (2012)

خلق عظيم النسخ للإعلانات

lmth.ypoc_ ydob_gnitrats_kcik/gnitekram/5015http://www.streetdirectory.com/travel_guide/

خلق عظيم الملصقات

poster.html الإعلانات-ngised_7369054http://www.ehow.com/video_

مقدمة إلى ثمانية عشر الدرس

على الرغم من أننا كان لخمسين عاما من الاعلانات التلفزيونية منذ ظهور وكالة الإعلان أوجيلفي وماذر، لا تزال هناك بعض القواعد الأساسية، والكلاسيكية من الإبهام لمتابعة دوس وما يترك من الاعلانات التلفزيونية. في هذا الدرس مخطط، ندرس كيفية جعل جيدة 30 ثانية إعلان الفور.

الدرس 18 - كيفية جعل التلفزيون جيد الإعلانات

A. إن الغرض من الاعلانات التلفزيونية ليست للترفيه، ولكن لبيع المنتج.
B. لا تستخدم الكلمات المنطوقة وحدها في بقعة؛ تأكد من أن تشمل صورة (ق). اذا كان الزبون لا يرى ذلك، فإنها من المرجح أن ننسى ذلك.
C. لديك بالضبط 28 ثانية لمدة 30 ثانية التجارية بقعة على التواصل عن سبعة من عناصر الدعاية. الضغط؟ ما هو الضغط؟ هذا هو ما يحصلون على دفع لك باكز كبيرة ل، لذلك لا أنين.
D. محاولة لجعل الأخبار المنتج الخاص بك. استخدام نهج التحرير إن أمكن.
E. تجنب الأناشيد والأمثال قليلا ذكية مثل "ما يلزم" و "أنت تستحق استراحة اليوم". أنها مبتذلة ولا نقطع وعدا للمنتج.

F. الاستخدام المفرط مقربة لإعلانات التلفزيون. معظم شاشات التلفزيون ليست عملاقة الحجم. تأكد من المنتج الخاص بك يحصل عن قرب مع اسم يجري ذكرها كما صورت ذلك.
G. أحيانا كنت لا يمكن أن يصلح في جميع العناصر السبعة من الدعاية؛ تناسب في كثير ما تستطيع.

ICA وHW 18

الإجابة على المقالات التالية:

1. لماذا هو بيع المنتج الخاص بك أكثر أهمية من تسلية المشاهد؟
2. لماذا هي الصور أو مقاطع ضرورية لإعلانك؟
3. لماذا هو الخبر أو طريقة تحرير الإعلان واحدة من أكثر الأساليب الناجحة لإعلانات التلفزيون؟
4. لماذا يجب تجنب الأناشيد أو أقوال ذكية في إعلاناتك؟
5. لماذا يجب عليك استخدام متطرفة مقربة من المنتج الخاص بك في إعلاناتك؟
6. ماذا يجب ان تفعل اذا كنت لا يمكن أن تناسب جميع العناصر السبعة الإعلان في إعلانك؟

مصادر الإنترنت إضافية لهذا الدرس:

الموارد العامة

http://www.askmrmovies.com

الشبكة (1976) - الفيلم الكلاسيكي على الإعلانات التلفزيونية

كيفية تصوير تلفزيوني

lmth.18629-الإعلان تقنياتhttp://smallbusiness.chron.com/television-

التحرير الإعلان

wtoa-الاعلانات-setybten/16/bef/2009http://www.theguardian.com/technology/

مقدمة إلى تسعة عشر الدرس

يتمتع الجميع وجبة جيدة. ولكن كيف يمكنك أن تميز المنتج الغذائي الخاص بك من آلاف آخرين هناك في السوق؟ إيلاء اهتمام وثيق لأوجيلفي كيف يمكن أن تجعلك تريد الخروج وشراء أكثر الأطعمة الدنيوية (مثل كرافت معجزة السوط). هناك طريقة لجنونه.

الدرس 19 - كيفية جعل جيد الحملات الإعلانية للمنتجات الغذائية

A. بناء إعلانك حوالي شهية المستهلك
B. استخدام مقربة من الغذاء الخاص بك وتأكد من أنها جذابة
C. لا نظهر للناس في الإعلانات الغذاء الخاص بك؛ مجرد الطعام
D. استخدام صور كبيرة من طعامك
E. عصا لONE الصور الأولية
F. هل لديك وصفة يتضمن الغذاء الخاص بك؛ المستهلكين يحبون وصفات
G. لا دفن صفتك في نسخة. تأكد من أنها غير معزولة
H. طباعة الوصفة الخاصة بك على ورقة بيضاء. ليس على الصورة أو الشاشة
أولا الحصول على بعض الأخبار في إعلانك عن المنتج الغذائي الخاص بك
J. جعل العنوان الخاص بك محددة. لا عام
K. تضمين اسم العلامة التجارية الخاصة بك في العنوان الخاص بك
L. كن جادا في إعلانات الأغذية؛ لا ينصح الفكاهة أو نسخة ذكية

19 HWو ICA

الإجابة على المقالات التالية:

1. لماذا يتعين علينا أن نستخدم شهية المستهلك لبيع منتجاتنا؟
2. لماذا ينبغي أن يترك الناس من الإعلانات التجارية الطعام؟
3. لماذا يتعين علينا أن نستخدم في المقام الأول صورة واحدة فقط لإعلان غذائنا؟
4. لماذا ينبغي لنا أن تشمل وصفة عند بيع المنتجات الغذائية لدينا؟
5. لماذا يجب علينا القضاء على روح الدعابة من الإعلانات الطعام؟

مصادر الإنترنت إضافية لهذا الدرس:

الموارد العامة

http://www.askmrmovies.com

همبرغر (1986)

كيفية إنشاء الإعلانات الغذاء جيد

advertisements.htm 36http://smashinghub.com/ من حيث الشعبية الطباعة-الغذائية

كيفية القيام إعلانات الأغذية للتلفزيون

الإعلانات التجارية-12121024d/top-TV-3http://www.creativebloq.com/

مقدمة إلى الدرس عشرون (الدرس مراجعة ثمانية قبل البدء في هذا الدرس)

أوجيلفي يعطينا بعض النصائح الجيدة حول كيفية تسلق سلم النجاح في الإعلانات التجارية. ولا سيما اعجبني المشورة بشأن الإجازات، وتخطط لتنفيذها نفسي. نصيحته هي الأخرى مثلما قيمة، بحيث تولي اهتماما.

الدرس 20 - كيفية تسلق سلم النجاح في الدعاية والإعلان

A. كن طموحا، ولكن ليس طموحا لدرجة أن الناس من حولك يشعر أنك الطموح، أو أنها سوف تجد وسائل لتخريب لك.
B. كن متواضعا عند وصوله مع ماجستير في إدارة الأعمال الخاصة بك العذبة من مدرسة اللبلاب الدوري. سوف يكون الهدف من اليوم الأول الخاص بك إذا كنت لا.
C. تعلم كل شيء هناك لمعرفة الحساب الأول الخاص بما في ذلك التدريب العملي على، في شخص مرة بالإضافة إلى البحث على الإنترنت.
D. تأكد من أنك خبير في العناوين ونسخة الجسم بالإضافة إلى غيرها من المهارات الخاصة بك.
E. كن على درجة الماجستير من العروض.
F. إبقاء العميل الخاص بك ومعلومات العميل المحتملة سرية تماما. جعل نعتقد أنك كاهن الذي سمع اعتراف شخص ما.
G. خذ اجازة الصلبة أسبوعين، بدون أطفال، ولكن مع زوجتك. تفريغ طفل (ق) في الجدة لمدة أسبوعين. تفعل شيئا سوى الأكل والنوم والمتعة ثم أعود إلى العمل منتعشة الخاص بك.

ICA وHW 20

الإجابة على المقالات التالية:

1. لماذا يجب علينا إخفاء طموحنا من وجهة نظرنا زملائه العاملين في المكتب؟
2. لماذا يجب أن نكون متواضعين عند دخول مكان العمل الجديد لأول مرة في الإعلان؟
3. لماذا يجب علينا القيام بزيارات شخصية لعملائنا الأول (وكل عميل) بالإضافة إلى البحث على الإنترنت؟
4. لماذا يجب أن نصبح خبراء في خلق العناوين والنص الأساسي للإعلانات لدينا؟
5. لماذا يجب أن نحافظ على سرية معلومات عملائنا؟
6. لماذا العطلات أهمية في الإعلانات التجارية؟

مصادر الإنترنت إضافية لهذا الدرس:

الموارد العامة

http://www.askmrmovies.com

انها حياة رائعة (1946) - سوف تعطيك المنظور الصحيح على الطموح

كيفية التعامل مع السياسة مكتب

http://guides.wsj.com/careers/how-التغلب إلى مهنة -obstacles/how-إلى مقبض إداري /politics

حفظ المعلومات السرية الخاص بالعميل

http://www.wisegeek.org/what هو، مكان العمل، confidentiality.htm

مقدمة إلى الدرس عشرون واحدة

حسنا، كما نأمل، فإن 20 الدروس السابقة تعطيك بداية لطيفة على حياتك المهنية الإعلان في الولايات المتحدة؛ ولكن ماذا لو كنت إكسيك الإعلان في مكان مثل الصين ......؟ وهنا بعض الدروس على أساس تراكم خمس سنوات من الأبحاث حول هذا الموضوع. ومن المتوقع أن تكون الصين الشريك التجاري رقم واحد للولايات المتحدة بحلول عام 2020. سوف يتم بيع الكثير لهم.

الدرس 21 - بيع على التلفزيون في الصين

A. البيع على التلفزيون في الصين ليست مثل بيع على التلفزيون في أي مكان آخر في العالم. انها فريدة من نوعها تماما على الاعلانات التلفزيونية، باستثناء العناصر الأساسية من الإعلانات.

B. هو في المقام الأول هناك سوى ONE كالة إعلانات لجميع المحطات CCTV في الصين. التي من شأنها أن تكون (في الواقع) للدعاية والاعلان جسر غولدن، التي لديها احتكار لا يصدق على الإعلان داخل الصين.

C. وعلى الرغم من وجود احتكار، جسر غولدن يخلق العديد من لقطات تلفزيونية مذهلة والإعلانات لعملائه. بخاصة في الإعلانات جهة سفرهم. حتى تعطى المنتجات والدنيوية والمياه المعدنية المعالجة من الدرجة الأولى من قبل هذه الوكالة الإعلانية من الدرجة الأولى.

D. البقع على شاشات التلفزيون الصيني يمكن أن تختلف على نطاق واسع. في الولايات المتحدة ومعظم البلدان الأخرى، فإن متوسط بقعة هي إما 15 ثانية أو 30 ثانية. في الصين، يمكن أن يكون بقعة طالما دقيقتين. معظم المواقع لا تزال 15 أو 30 ثانية، ولكن. يبدو أن هناك أكثر قليلا غرفة للإبداع وأطوال متفاوتة إعلان على التلفزيون الصيني.

E. الإعلانات الصينية غالبا ما تستخدم الجهات الفاعلة الغربية والممثلات لسبب ما، على الرغم من أن 99٪ أو أكثر من المستهلكين هم الصينية. لا استطيع ان ارى المنفعة الاقتصادية من استخدام الكلمات الغربية أو الجهات الفاعلة في أي إعلان الصينية. إذا 95٪ (5٪ قد يفهم بعض الإنجليزية الأساسية جدا في الصين) من الجمهور المستهلك لا يفهم إعلانك، كنت تهدر 95٪ من ميزانية إعلانك. استخدام الحروف الصينية، والجهات الفاعلة الصينية والدعائم الصينية لبيع سلع أمريكية أو غربية. سوف تسفر الإعلانية أكثر بكثير في النتائج.

F. البقع نفس تشغيل مرارا وتكرارا على شاشات التلفزيون الصيني. وليس من الواضح ما إذا كان هذا لأن هناك الإبداع محدود في قطاع الدعاية أو ما إذا كانت الشركات يسحبون في عدد المبيعات ثابت كل شهر؛ وفي هذه الحالة سيكون الصحيح عدم إصلاح أي شيء إذا لم يتم كسره.

G. الإعلانات الأكثر نجاحا هي تلك التي تشمل البنود مع تكاليف الوحدة منخفضة، مثل مياه الشرب والشاي المثلج والمواد البسيطة الأخرى. هذه المنتجات لديها أوسع السكان المستهلكين في الصين وحتى استهدافهم هو أسهل بكثير ثم، دعنا نقول، واستهداف السوق الصحيح لبيع بي ام دابليو.

H. شراء الوقت في فتحات الوقت المناسب هو مفتاح الحل للعديد من الشركات الكبرى. الجماهير الصينية الحب وبرامج المواهب لديهم أعلى الدرجات المشاهد من كافة عمليات البث الصينية. وبالتالي، هذه هي فتحات الوقت أغلى للإعلان في، ولكن تحصل على ما تدفعه مقابل.

y	_t	en	UTF-8

Translate text or webpage

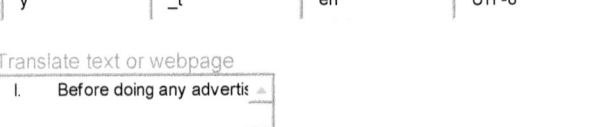

I. Before doing any advertis

Cancelأولا وقبل القيام بأي دعاية كنت تخطط لجوية على الدوائر التلفزيونية المغلقة، تأكد من الالتزام بكافة قواعد الرقابة قبل أن يهوي التجارية. يتم سرد قواعد علنا في موقع Xinhuanet.com.

ICA و HW 21

الإجابة على المقالات التالية:

1. كيف التلفزيون الصيني والإعلانات التجارية تختلف من التلفزيون والإعلانات التجارية الغربي.
2. لماذا هي وكالة جسر غولدن الإعلان أهمية في الصين؟
3. لماذا العديد من العملاء الدعاية الصيني تشغيل نفس الإعلانات مرارا وتكرارا؟
4. لماذا هي العناصر انخفاض تكلفة الوحدة أكثر أمنا اقتصاديا للإعلان عن سلع غالية الثمن؟
5. لماذا هو فتحة الوقت المناسب وبرنامج مهم جدا لنجاح إعلانك؟
6. لماذا يجب عليك التحقق مع شينخوا اللوائح التي تحكم الموقع الاعلانات التلفزيونية قبل إجراء إعلانك؟

مصادر الإنترنت إضافية لهذا الدرس:

الموارد العامة

http://www.askmrmovies.com مشاهدة التلفزيون الصيني مثل الصينيين في

/1261968http://www.imdb.com/title/tt

أفضل البرامج التلفزيونية الصينية للإعلان على

lmth.1-1-852713http://bbs.chinadaily.com.cn/thread-

التلفزيون اللوائح الإعلان الصينية

mth.132117787_c/21/01-2013http://news.xinhuanet.com/english/china/

مقدمة إلى الدرس الثانية والعشرون

بيع على الانترنت في الصين هو مثل العودة إلى الوراء عشرة أو خمسة عشر عاما في وقت والتكنولوجيا من سوق الإنترنت في الولايات المتحدة والغرب. معظم المواقع هي، بطبيعة الحال، الصيني تماما. بعض المواقع تحاول الجمع بين الإنجليزية والصينية، ولكن عادة ما تنتهي مع Chinglish (شكل سيء جدا في اللغة الإنجليزية مع الإملائية والأخطاء النحوية البشعة). أنصح موقع الصيني فقط، إلا إذا كنت تبيع التعليم الغربي، ومواقع السفر الغربية، أو السلع الكمالية الغربية. وبطبيعة الحال، فإن أفضل حل هو أن يكون أحد كبار الكاتب نسخة الغربيين وكبار نسخة كاتب الصيني على نفس الموظفين؛ حظا سعيدا مع هذه الصيغة. الغربيون يعتقدون أنهم عباقرة إعلان والصينيين يعتقدون أنهم عباقرة الإعلان. حقيقة الأمر هي أن كلا منهم على خطأ الغالبية العظمى من الوقت.

49

الدرس 22 - البيع على الانترنت في الصين

A. الانترنت في الصين هو تحديا مثيرا للاهتمام لأصحاب المشاريع. ومن المعروف بدلا أن هناك قدرا هائلا من الرقابة الحكومية لأسباب مختلفة (معظمهم الاقتصادية). على سبيل المثال، فإنه يتعين على الحكومة الصينية لمنع دخول الشبكات الاجتماعية مثل الفيسبوك من الانترنت الصينيين، حتى أن شركات مثل QQ وSogou يمكن أن تسيطر على سوق الشبكات الاجتماعية وكسب المال بالنسبة للشركات الصينية. الضرائب المحصلة على هذه الشركات، بطبيعة الحال، ثم انتقل الحق إلى الحكومة الصينية. هناك العديد من الأسباب الوجيهة لماذا هيمنت على الناتج القومي الإجمالي الصيني في السوق العالمية لعدد من السنوات، وهذا هو واحد منهم. ولكن الصين ليست الدولة الوحيدة التي تمارس هذا النوع من الحمائية.
B. وعلى الرغم من القيود المفروضة على الانترنت في الصين، لا تزال هناك العديد من الفرص للشركات الصغيرة والمتوسطة الحجم موقع على شبكة الإنترنت. لا تزال المبادئ الأساسية لبناء موقع على شبكة الإنترنت ينطبق على الصين، وكذلك بقية العالم؛ يجب أن يكون موقع الويب الخاص بك منظمة تنظيما جيدا، التي تم الإعلان عنها جيدا ويكون لها مكانة، أو شيئا مختلفا من العديد من المنافسين التي هي على الانترنت.
C. الحكومة الصينية صارمة جدا حول منع المواد الإباحية، والاحتيال من أي نوع، وبيع المواد المشكوك مثل أسماء تجارية وهمية أو أي شيء يتعدى على حقوق الملكية الفكرية للآخرين (على عكس ما كنت قد سمعت). أيضا، الأسماء السياسية الشهيرة مثل ماو تسي تونغ وغيرها لا يمكن أن تستخدم لبيع سلع على شبكة الانترنت في الصين.
D. إذا كنت تبيع البنود الخاصة بك على الانترنت، وكنت مسؤولا عن دفع الحكومة الصينية نسبة مئوية ثابتة من المبيعات الخاص بك في الضرائب. علي بابا وتاوباو هما شركات الإنترنت الناجحة التي وضع معايير لشركات الإنترنت الصينية.
E. ومن المسموح به لموقع الويب الخاص بك ليتم استضافتها في بلدان أخرى خارج الصين. كنت لا تزال مسؤولة، ولكن لالضرائب الصينية. يجب أن تكون المواقع على شبكة الإنترنت الصينية في المقام الأول باللغة الصينية ما لم شركتك بيع مواد اللغة الإنجليزية أو السلع الغربية محددة أخرى.
F. متاجر والشركات في الصين التي ليس لديها موقع على شبكة الانترنت عمل الذي يخلق تدفق الإيرادات موثوقة سيكون في وضع غير مؤات لتلك المحلات والشركات التي تكون قادرة على إنشاء مواقع ويب ناجحة.

ICA وHW 22

الإجابة على المقالات التالية:

1. لماذا تقوم بتطوير موقع على شبكة الإنترنت تحديا في الصين؟
2. ما هي بعض من الاهتمامات الرئيسية للحكومة الصينية عن الانترنت في الصين؟
3. كيف يجب التعامل مع قضية الضرائب لموقع الويب الخاص بك ناجحة؟
4. لماذا هي لغة موقع الويب الخاص بك مصدر قلق كبير؟
5. لماذا مواقع الويب التجارية الناجحة وميزة على الشركات التي لا تملك واحدة؟

مصادر الإنترنت إضافية لهذا الدرس:

الموارد العامة

http://www.askmrmovies.com

الشبكة الاجتماعية (2010) - قصة الفيسبوك مارك زوكربيرج ورائعة

مواقع الانترنت الصينية

http://www.alexa.com/topsites/countries/CN

الضرائب الصينية

http://en.wikipedia.org/wiki/Taxation_in_China

مقدمة إلى الدرس العشرون ثلاثة

بلدي واحد من المواضيع المفضلة في الفصول الدراسية هو فحص الشركات الصغيرة في الصين. في المقام الأول أولئك الذين يبيعون في أسواق السلع المستعملة وفي الشوارع. صدقوا أو لا تصدقوا، هذه الملايين من الشركات لديها معدل نجاح أعلى بكثير من تلك التي تتقدم بطلب قروض من بنك الصين. لماذا؟ لأنها أصغر بكثير وتشمل مخاطر أقل بكثير. لا يزال هناك قدر كبير من الفشل (تقاس على نطاق ثلاث سنوات)، ولكن نسبة النجاح تقريبا 30٪ (أو أكثر من ثلاث مرات من الشركات أكبر). معظم هؤلاء الباعة المتجولين لا تدفع لمساحة أو الإيجار. العديد ديك عدد قليل جدا من نفقات خارج قوائم الجرد. واحدة من العوائق الرئيسية، ومع ذلك، من هذه الشركات الشارع هو عدم وجود تمايز. يمكنك العثور على مئات من الباعة المتجولين أخرى لبيع نفس العناصر بالضبط. هذا يؤدي إلى حوالي 70٪ منهم في نهاية المطاف الحصول على نهون والخروج من قطاع الأعمال. عيب رئيسي آخر هو عدم وجود الخبرات الفنية بين الملايين من هؤلاء البائعين. وكثير منهم لم يكن لديك موقع على الكمبيوتر أو على شبكة الإنترنت.

الدرس 23 - بيع على شارع في الصين

.A البيع في شوارع المدن الصينية هي واحدة من المساعي أكثر ربحية بالنسبة لكثير من رجال الاعمال الصينيين. والخطر هو أقل من ذلك، هناك القليل أو لا لدفع الإيجار والضرائب ونادرا ما تكون، إذا كانت قد دفعت أي وقت مضى، ونسبة نجاح هذه الملايين من الشركات الصغيرة ما يقرب من ثلاثة أضعاف تمولها الشركات في الصين التي لديها نسبة الفشل 92٪ في غضون ثلاث سنوات وفقا لبنك الصين الإدارات القرض.
.B تحتاج إلى العيش في المدينة التي تبيع السلع الشارع الخاص بك وتكون على الجدول الخاص بك لمدة اثنتي عشرة ساعة في اليوم. هذا يمكن أن يكون تجربة شاقة، وغير مجزية أحيانا عندما مبيعات بطيئة.
.C البيع في شوارع الصين هو آمن جدا وليس هناك سرقة القليل جدا بسبب الأعراف الاجتماعية للغالبية العظمى من الصينيين. المساومة، ومع ذلك، هو آخر لعبة الكرة تماما. تقريبا كل زبون سوف المساومة لمادة تقريبا. هذا هو السبب في السعر الأصلي هو أبدا السعر يتوقع بائع متجول في الحصول عليها. هل يمكن أن نتوقع بسهولة في أي مكان بين 10-20٪ كل بند وتصل إلى 50٪ حالا إذا كنت تنفق الكثير من المال.
الباعة الجائلين .D الصينية هي تحت رحمة سوء الاحوال الجوية، وسوء المكان، والمنافسة من الشركات الأخرى 100 بيع

نفس الأشياء لديهم. وهذا يوفر للمستهلك مع الكثير من الذخيرة للمساومة. على الرغم من هذه العيوب، لا يزال العديد من الباعة الجائلين جعل أرباح جيدة في نهاية اليوم.

E. إذا كان بائع متجول من الحكمة ما يكفي ليكون لها مكانة أو قليلا من التمايز، وسوف تزدهر أكثر بكثير من الباعة الجائلين القياسية.

الباعة .F شارع الذين هم هاو للتكنولوجيا ولها سوف يضمن مكانة تقريبا لجعل الكثير جدا من المال. موقع على شبكة الإنترنت المحلية التي هي ناجحة في خلق تيار الإيرادات موثوق بالإضافة إلى موقع الحي مع البضائع متباينة هو مزيج فتاك في سوق البرغوث.

23 HWو ICA

الإجابة على المقالات التالية:

1. كيف الباعة المتجولين في الصين مقارنة مع غيرها من الشركات الصغيرة والمتوسطة الحجم في الصين؟
2. لماذا يجب أن نعيش حيث يمكنك القيام بأعمال تجارية كبائع متجول في الصين؟
3. كيف المساومة تدخل في تسعير السلع التي بائع متجول في الصين لديها.
4. لماذا هو التمايز عاملا رئيسيا لنجاح بائع متجول الصيني؟
5. كيف الخبرة التقنية إضافة إلى الاستفادة من الصيني بائع متجول؟

مصادر الإنترنت إضافية لهذا الدرس:

الموارد العامة

http://www.askmrmovies.com

الحياة الشارع (2006) - نظرة صريحة على العمال المهاجرين في محاولة لكسب المال والباعة الجائلين

الباعة الجائلين الصينية

china.html الحياة في البائعين-teerts/19/12/2011china/ من بين http://triciawang.com/bytes

أعلى أسواق السلع المستعملة الصينية

markets/ و بكين-10http://www.tour-beijing.com/blog/beijing-travel/top-

مقدمة إلى الدرس الرابعة والعشرون

وبالطبع، هناك محلات ومخازن الصينية العادية. هذه لها معدل نجاح أعلى قليلا من الشركات الكبيرة، ولكن أقل من الباعة المتجولين لأنها تضطر لدفع الإيجار وعادة لا يتم التمييز من بين العشرات من المحلات الأخرى التي تبيع نفس العناصر بالضبط في أجزاء أخرى من المدينة (وأحيانا على نفس الكتلة !). قراءة في قبل اتخاذ قرار لفتح متجر بعد التخرج من الكلية.

الدرس 24 - بيع في متاجر في الصين

أ هناك ثلاث مجموعات رئيسية من المتاجر في الصين. مخازن على الشوارع الرئيسية والمحلات على الشوارع الجانبية والمتاجر في مراكز التسوق. المتاجر في مراكز التسوق هي دائما تقريبا مكلفة، لكنها تختلف قليلا من معظم متاجر أخرى في الشوارع. المحلات في الشوارع الرئيسية هي دائما تقريبا أكثر تكلفة من المحلات في الشوارع الجانبية وعادة ما يكون السلع التي لا متباينة بشكل جيد. سوف يخزن في الشوارع الجانبية يكاد يكون دائما أقل تكلفة بالنسبة للمستهلك، ولكن سوف تعاني أيضا من عدم وجود تمايز في معظم الحالات.
سوف يخزن .B مول غالبا ما يكون الإيجارات مرتفعة جدا على الدفع، ويجب أن تجعل X كمية في حجم المبيعات حتى لمجرد الخروج. معدل الفشل في هذه المحلات أكثر من 90٪ وفقا لبنك الصين. الفشل عادة ما يحدث بسبب نقص الدعاية الجيدة، وعدم التفريق، وجود نقص الخبرة الفنية لإنشاء موقع على شبكة الإنترنت ناجحة.
.C متاجر تقع على الشوارع الرئيسية لديها أعلى معدل نجاح قليلا من متاجر المركز، ولكن لا تزال تعاني من نفس أوجه القصور التي لديها مخازن مول. معدل فشلهم هو أكثر من 80٪.
.D متاجر تقع في الشوارع الجانبية تبدو أكثر نجاحا من تلك التي تقع على الشوارع الرئيسية أو في مراكز التسوق بسبب الصينية قد تعلمت على مر السنين (وكذلك الأجانب) قليلا للتسوق في الشوارع الجانبية للحصول على أفضل الصفقات وتوفير المال (هواية الوطنية الصينية). نسبة الفشل هنا لا يزال أكثر من 70٪ ويرجع ذلك إلى نفس الأسباب المركز التجاري والشارع الرئيسي متاجر تفشل.
.E وخلافا للأسواق السلع المستعملة والباعة المتجولين، ومخازن ومتاجر مركز الشوارع الرئيسية نادرا ما المساومة مع بضائعهم. قد تحصل على خصم في بعض الأحيان، لكنها ستلتزم عموما أسعارها لأنها تؤخذ النفقات العامة في أسعار المخزون.
.F الجانبية مخازن الشارع هي أكثر من ذلك بكثير من المرجح أن تقدم لعملائها خصم ونحن على استعداد للمساومة على كل شيء عمليا لديهم باستثناء المواد الغذائية.

ICA وHW 24

الإجابة على المقالات التالية:

1. ما أنواع رئيسية ثلاثة من المتاجر في الصين وكيف أنها تختلف؟
2. ما مزايا وعيوب من متجر مول في الصين؟
3. ما مزايا وعيوب من مخازن تقع على الشوارع الرئيسية في الصين؟
4. ما مزايا وعيوب من مخازن تقع على الشوارع الجانبية في الصين؟
5. كيف كل ثلاثة من هذه الأنواع من مخازن تختلف عن أسواق السلع المستعملة والباعة المتجولين؟

مصادر الإنترنت إضافية لهذا الدرس:

الموارد العامة

http://www.askmrmovies.com

قصة بسيطة النودل (2009) - نظرة جيدة على كيفية تشغيل الاعمال الصينيين الأصلي

متاجر الصينية مول

s/shopping-malls.html10http://www.chinatouristmaps.com/top-

متاجر الصينية في شوارع (مطاعم)

http://www.simsimhamara.info/chinese-مطعم الأعمال خطط لماذا أنت بين الحاجة-eno/

خاتمة

آمل أن تكونوا قد تتمتع برحلتك من خلال عالم الإعلان. لا تدع الأرقام خوفا من الفشل يمنعك من محاولة يدك في الإعلان. أفضل أن حاولت وفشلت من أن حاولت أبدا على الإطلاق. ويصدق الشيء نفسه لمحاولة الأعمال التجارية الخاصة بك. اتبع النعيم الخاص كرجل واحد كبير قال ذات مرة. الحياة هي الطريق الطويل؛ النزول على واحد من سيديستريتس وتفعل قليلا للتسوق من أجل المتعة.

www.ingramcontent.com/pod-product-compliance
Lightning Source LLC
Chambersburg PA
CBHW071728170526
45165CB00005B/2200
9781500867737